치매 예방을 위한
인지·의사소통 놀이 50

| 이금자 · 김화수 · 임은실 공저 |

cognition-communication play
for preventing dementia 50

학지사

머 리 말

자식들이 쑥덕쑥덕 거린다.

가만히 들어 보니 내보고 치매라칸다.

나는 멀쩡한데 저것들이 뭐라고 내를 치매라카노?

내가 진짜 치매가?

-96세 대구댁 할머니의 말

이 글은 경도 치매를 앓고 있는 96세 할머니가 갑자기 저자에게 질문하는 장면을 글로 나타낸 것이다. 보통 치매를 겪는 사람들은 새로운 것을 기억하지 못하는 기억력 장애를 가지기도 하고, 시간이나 사람 또는 장소에 대한 지남력에 장애를 보이기도 한다. 또 어떤 경우는 사건의 인과관계, 대인관계 등을 구분하지 못하기도 한다. 시간이 지나면서 언어의 의미를 구분하지 못하여 앞뒤가 맞지 않는 말을 하는 등 언어장애를 갖게 되는 경우도 있다. 시공간 지각능력 장애, 판단력 장애 등 인지기능 장애와 정신행동 장애를 함께 가지게 되어 사회적 관계에서 문제가 일어나기도 한다. 정서적으로는 우울해하거나 불안해하고, 거부하는 행동이 나타나는 등 기분의 자기관리가 어려워질 수 있다.

우리 저자들은 각기 사회복지학, 언어병리학, 간호학 분야에서 일하면서 노인복지센터나 노인관련 병원, 노인 의사소통치료 현장에서 어르신들을 직접 돌보거나 교육하는 일을 해 왔다. 그러면서 이러한 여러 학문 분야의 융합적인 접근으로써 노인 관련 일을 하는 사람들에게 도움을 줄 수 있는 방법에 대해 논의할 기회가 있었다. 의사소통의 기회가 없는 어르신이 계신가 하면 인지와 의사소통의 어려움을 가지고 있는 어르신도 계신다. 우리는 이러한 어르신들을 위해 우리 학문 분야에서 할 수 있는 일이 무엇이 있을까 고민하는 수많은 시간을 보냈다. 그러던 중 2008년 노인장기요양보험이 시작되면서 저자 중 한 명(이금자 박사)이 노인복지시설을 운영하게 되었다. 타 기관의 노인복지프로그램과는 차별화된 다양한 장르의 프로그램을 고안하는 일을 진행하면서 시설에서도 직접 만든 프로그램을 동시에 조금씩 실행하기 시작하였다. 프로그램을 진행하는 횟수가 쌓여갈수록 어르신들이 놀이 활동에 적극적으로 참여하실 뿐만 아니라 집으로 가기 싫어하실 정도로 계속 의사소통하며 놀고 싶어 하셨다. 일상생활에 어려움을 겪고 있는 어르신들에게는 신체 기능 프로그램을 접목하여 진행하였는데 그 결과 어르신들의 잔존능력이 매우 향상되었다. 이러한 결과는 프로그램에 대해 고민해 오고 실행에 관한 효과를 학문적으로 증명하기 위해 애써 왔던 저자들에게 큰 용기를 주었다.

이 책은 저자들이 개발하고 보완하여 선정노인복지센터에서 운영하고 있는 프로그램의 소개라고 할 수 있다. 타 시설에서도 쉽게 활용할 수 있도록 실제 인지·의사소통 놀이 장면을 사진으로 제시하였으며, 각각의 프로그램 목표를 표로 안내하였다.

특히 이 책에는 2013년과 2015년 국민건강보험공단 대구지역본부에서 주관하고 있는 장기요양급여제공 서비스 우수사례 발표회에서 우수상과 최우수상을 수상한 프로그램이 함께 수록되어 있다. 여기에 소개한 인지·의사소통 프로그램을 통해 어르신들의 치매 예방과 함께 가족 및 본인들의 삶의 질이 높아질 수 있다면 저자들은 몇 년간의 노력에 대한 큰 보람을 갖게 될 것이다.

이 책이 나올 수 있었던 데는 많은 사람들의 도움이 있었다. 이 프로그램을 직접 이용하여 진행한 활동에 참여해 주신 선정노인복지센터의 수많은 어르신들과 책에 사진을 실을 수 있도록 동의해 주신 본인 및 가족분들께도 감사드린다. 그리고 원고를 정리해 준 대구대학교 대학원 언어치료학과 강경미 선생에게 고맙다는 말을 전하고 싶다.

행복한 의사소통(어르신들이 행복한 세상), 건강한 의사소통이 이루어지는 세상, 그러한 세상의 모든 아름다운 시간을 위해 노력하고 있지만 늘 바쁜 엄마이자 아내를 지지해 주고 사랑으로 보듬어 주는 저자들의 가족이 없었다면 이 책이 나오질 못했을 것이다. 우리 가족들에게 사랑의 언어를 보낸다.

2015년 여름, 이금자·김화수·임은실

차 례

Part 3. 신체활동 영역

🎩 Part 4. 일상생활 영역

🎩 Part 5. 회상 영역

Part 6. 사회적응 영역

Part 1
언어활동 영역

보고 쓰고 따라 읽기 / 시조 따라 하기 / 스피드
게임 / 노래 자랑 / 스토리텔링 / 재미있는 발음연
습 / 억양연습 /

① 보고 쓰고 따라 읽기

활동 목표	• 종이컵에 스티커를 붙이도록 하여 소근육 운동능력을 강화시킨다. • 색깔이 있는 포장지를 이용하여 사탕을 장식하도록 하여 색채와 형체에 대한 관심과 주의력을 향상시킨다. • 사탕을 통해 대상자의 표현능력과 표현의욕을 자극하여 긍정적 감정을 형성하고 언어표현능력을 향상시킨다.

주요 활동 영역	주의집중력	언어력	시공간지각 구성	기억력	지남력	문제해결 능력
◉ : 주요 효과 ◎ : 추가 효과	◉	◉		◎	◎	

준비물	사탕, 부케 꾸미기 자료(스티커, 포장지, 끈 등), A4 용지, 색연필, 사탕부케 만들기 순서판, 종이컵
활동 인원	제한 없음
활동 방법	① 사탕부케 만들기 순서판을 보며 큰 소리로 따라 읽어 본다. (다음 색깔 글자 참고하기) [사탕부케 만들기] ① 사탕을 꾸며요. ② 사탕을 모아요. ③ 끈으로 묶어요. ④ 종이컵에 담아요. ② 사탕을 포장지로 감싸거나 스티커를 붙여서 예쁘게 꾸민다. ③ 자신의 이름이 쓰인 종이를 보며 종이컵에 따라 쓴 후 사탕부케를 꽂는다. ④ 완성된 사탕부케를 보며 여러 가지 이야기를 나누어 본다. 　"사탕부케를 무엇으로 꾸몄어요?" 　"만든 사탕부케는 누구에게 선물해 주고 싶어요?" 　"예전에 이런 선물을 해 주거나 받아 보신 적 있으세요?" 　"어떤 날에 사탕부케를 선물해 주고 싶나요?" 　"이런 부케를 다른 곳에서 본 기억이 있으세요?" ⑤ 사탕부케를 주고 싶은 사람, 기념일, 하고 싶은 말을 선생님의 도움을 받아 색연필로 A4 용지에 따라 써 본다.
좀 더 나아가기	• 언어능력 강화 : 사탕을 여러 개 꾸며 준비한 후 가족사진을 보면서 가족의 이름을 따라 써 보고, 꾸민 사탕을 누구에게 선물하고 싶은지 이야기해 본다. 사탕과 관련된 추억을 떠올리며 이야기 나누는 것도 좋은 방법이다. • 기억력 되살리기 : 사탕부케를 보며 이전에 보았던 물건 중에 비슷한 것이 없는지 말해 보도록 하고, 옛날 일 중에 사탕부케와 같은 것을 받아 본 기억은 없는지 회상하도록 유도해 본다. 또 사탕을 보면서 스티커를 몇 개나 붙였는지, 가장 먼저 꾸민 사탕부터 나중에 꾸민 사탕을 순서대로 놓아 보는 활동을 함께 해 주어도 좋다.

❷ 시조 따라 하기

활동 목표	• 시조의 문장 의미를 해석하도록 제안하여 대상자의 언어정보 처리과정을 강화해 준다. • 시조를 듣도록 하여 청각을 자극해 주고 언어능력을 향상시킨다. • 시조를 처음부터 끝까지 읊어 보도록 하여 성취감을 느낄 수 있게 해 준다.					
주요 활동 영역 ●: 주요 효과 ◎: 추가 효과	주의집중력	언어력	시공간지각 구성	기억력	지남력	문제해결 능력
	◎	●	◎	●		
준비물	시조, 산 정상에 올라갔던 사진 또는 그림(평소 알고 있는 사람의 사진이면 더욱 좋음)					
활동 인원	제한 없음					
활동 방법	① 산 정상에 올라간 사진이나 그림을 보고 어떤 사진 또는 그림인지 이야기를 나누어 본다. “어디에서 찍은 사진인가요?” “여기엔 무엇을 하려고 갔나요?” ③ 사진 또는 그림을 보며 시조(태산이 높다 하되)를 들어 본다. “어르신들이 현재 가장 바라는 것은 무엇인가요?” “바라는 것을 실천하기 위해 지금부터라도 시작해 봅시다!” ④ 시조를 듣고 천천히 큰 소리로 따라 말해 본다.					
좀 더 나아가기	• 청각기능 강화 : 시조를 읊는 목소리의 크기를 다르게 해서 어르신들에게 들려드린다. 큰 소리부터 조금씩 목소리를 줄여 가며 어르신들이 듣기에 집중할 수 있도록 활동해 본다. • 언어능력 강화 : 시조와 관련된 옛일을 회상하여 말하거나 알고 있는 시조가 있는지 이야기 나누어 보는 시간을 가진다. 그리고 시조를 짧은 구간으로 나눠 어르신들이 듣고 따라 말해 볼 수 있도록 한다. 이렇게 하다 보면 따라 말하기 능력은 어르신들의 기억능력, 언어회상능력 등에 도움을 줄 것이다.					

③ 스피드 게임

활동 목표	• 단어카드의 의미를 이해할 수 있도록 설명해 주어 지각능력을 향상시킨다. • 단어카드를 설명하도록 하여 언어표현능력의 향상을 돕는다. • 단어카드에 대한 설명을 들어 보도록 하여 청각적 이해력을 증진시킨다.					
주요 활동 영역	주의집중력	언어력	시공간지각 구성	기억력	지남력	문제해결 능력
●: 주요 효과 ◎: 추가 효과	◎	●		◎		●
준비물	단어카드 (어르신들이 평소 자주 접하는 것 또는 옛날 물건, 장소), 스티커판, 스티커					
활동 인원	제한 없음					

활동 방법	① 게임의 방법을 들은 후 설명하는 사람의 순서를 정한다. ② 순서대로 나와 단어카드를 보며 설명한다. 　　㉠ '하늘' 단어카드 　　　"저 위에 있는 것?" 　　　"해도 있고 달도 있는 곳은?" 　　　"제일 높은 곳에 있으면서 구름 위에 있는 것." ③ 설명을 듣고 맞추는 사람은 스티커를 받아 판에 붙이도록 한다. ④ 순서대로 돌아가면서 앞으로 나와 단어카드를 보고 설명해 본다. 　단어카드는 물건, 장소, 참가자 이름 등으로 다양하게 구성한다.
좀 더 나아가기	• 지남력 향상 : 단어카드를 이름, 현재 날짜 또는 연도, 장소 등으로 제시해 주어 어르신들의 현재 상황에 대해 인식하고 말해 볼 수 있도록 하여서 지남력을 향상시켜 준다. • 언어능력 강화 : 함께 스피드 게임을 하고 나서 게임에서 본 글자를 따라 써 보거나 글자와 관련된 경험에 대해 이야기해 보는 시간을 가지면 언어능력 향상에 더욱 도움이 된다.

④ 노래지랑

활동 목표	• 마음속에 담아둔 깊고 의미 있는 감정들을 표현하도록 돕는다.					
	• 노래를 듣고 부름으로써 감각기관을 자극시켜 주고, 활동 참여를 격려해 준다.					
	• 노래 자랑을 통해 타인과의 교류 기회를 제공한다.					
주요 활동 영역	주의집중력	언어력	시공간지각 구성	기억력	지남력	문제해결 능력
◉ : 주요 효과 ◎ : 추가 효과		◉	◎	◉		◎
준비물	노래방 기계, 필요시 노래 가사판					
활동 인원	제한 없음					

활동 방법	① 어르신이 좋아하는 노래는 각자 어떤 것이 있는지 이야기를 나누어 본다. "어르신이 좋아하는 노래 제목은 뭐예요?" "가장 잘 부르는 노래는 뭔가요?" "그 노래를 어떻게 알게 되셨어요?" ② 참가자들이 흔하게 알고 있는 노래 2~3곡을 박수를 치면서 천천히 불러 본다. ③ 각자 나와서 노래를 부른다. 좋은 점수가 나오면 사탕선물을 받는다. ④ 다른 사람이 노래를 부를 때 박수를 치며 자유롭게 몸을 흔들어 본다. 이때 두 팔을 흔들거나 한쪽 다리를 들어 보거나 서로의 동작을 따라 하는 등의 활동을 해 본다.
좀 더 나아가기	• 기억력 되살리기 : 노래를 듣고 노래 가사를 외워 음악에 맞추어 불러 보는 것은 기억력과 회상능력에 매우 도움이 된다. 노래 강사와 번갈아서 한 소절씩 나누어 불러 보는 것도 매우 재미있는 활동이 된다. 어르신들에게 노래를 들려 드리고 제목이 무엇인지 회상해 보는 활동도 해 본다. • 자기표현 향상 : 노래점수가 나오면 어르신들이 직접 점수를 따라 큰 소리로 말하도록 하고 기록한 점수를 비교하여 가장 높은 점수를 받은 어르신에게 상을 주어 소감을 이야기해 보도록 한다.

⑤ 스토리텔링

활동 목표	• 스토리텔링을 통해 읽기, 쓰기, 듣기, 말하기 등 언어능력을 향상시킨다. • 스토리 형태로 기억하여 다시 말해 보게 함으로써 단기 기억력을 증가시킨다. • 스토리를 들려주어 집중력과 자신감을 향상시킨다.					
주요 활동 영역	주의집중력	언어력	시공간지각 구성	기억력	지남력	문제해결 능력
●: 주요 효과 ◎: 추가 효과		●	◎	●		◎
준비물	이야기 그림카드(4~5개의 그림카드), 옛이야기 그림책					
활동 인원	제한 없음					

| 활동 방법 | ① 이야기 그림카드를 보며 어떤 상황의 그림인지 간략하게 이야기해 보고 이야기의 제목도 상상하여 말해 본다. |

① 이야기 그림카드를 보며 어떤 상황의 그림인지 간략하게 이야기해 보고 이야기의 제목도 상상하여 말해 본다.

② 그림카드를 순서대로 배열해 보고 선생님이 들려주는 이야기를 주의 깊게 들어 본다.

③ 이야기를 모두 들은 후 스스로 카드를 다시 순서대로 배열해 보고 어떤 이야기였는지 다시 말해 본다.

④ 카드 활동을 마친 후, 다함께 그림책을 보며 이야기를 듣는다. 그림책은 옛날이야기, 일상생활 관련 내용 등이 적절하다.

⑤ 그림책 이야기를 모두 들은 후 어떤 이야기였는지 말해 본다. 회상하여 말하는 것이 어려운 경우에는 그림책의 그림을 한 장씩 보면서 말해 보도록 한다.

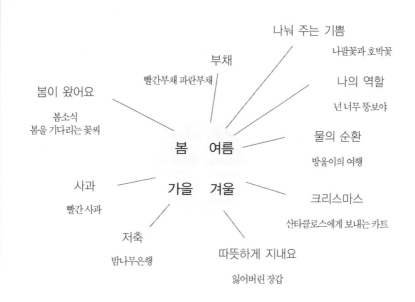

• 언어능력 강화 : 이야기를 듣기 전 그림을 대충 보면서 이야기의 내용과 제목을 유추해 보고, 이야기를 모두 들은 후에는 미래에 어떻게 되었을지 예측해 보는 활동을 하면 인지 및 언어 능력의 향상에 매우 도움이 된다. 또한 일상 관련 그림책을 보면서 어떤 물건이 더 필요할지, 어떤 행동을 하는 것이 적절할지에 대해 이야기해 보는 것도 좋다.

❻ 재미있는 발음연습

활동 목표	• 발음을 따라 해 보도록 유도하여 입술과 안면근육을 강화시킨다. • 다양한 음소의 발음을 소리 내 보도록 하여 언어능력을 향상시킨다. • 딸기의 개수를 세어 봄으로써 수 인지능력을 향상시킨다.					
주요 활동 영역	주의집중력	언어력	시공간지각 구성	기억력	지남력	문제해결 능력
● : 주요 효과 ◎ : 추가 효과	●	●		◎		◎
준비물	딸기 모형 또는 그림, 바구니 큰 것과 작은 것,					
활동 인원	3~6명					

활동 방법	① 활동을 하기 전 다 함께 큰 소리로 입을 크게 움직이며 단모음 '/ㅏ/, /ㅓ/, /ㅗ/, /ㅜ/, /ㅣ/, /ㅡ/, /ㅐ/, /ㅔ/, /ㅚ/, /ㅟ/ 소리를 연습해 본다. ② /ㄸ/를 연습할 때에는 벽에 붙어 있는 여러 개의 딸기를 따서 바구니에 담는다. 이때 딸기를 따면서 "딸기를 따요. 따닥따닥 따요." 등을 말해 본다. ③ 내가 따 온 딸기가 몇 개인지 세어 본다. (딸기 하나, 딸기 둘 등) ④ 딸기를 던져 큰 바구니에 골인시킨다. 딸기를 던질 때에는 '땅!' 소리를 내 볼 수 있도록 유도한다. ⑤ 다른 음소를 연습할 때에는 과일 또는 채소의 종류(/ㄱ/→ 가지, /ㄴ/→ 나물, /ㄷ/→ 도토리 등)와 딸 때의 소리(뚱뚱, 스윽스윽), 던져서 바구니의 넣을 때 소리 등을 목표 음소와 맞게 수정하여 활동을 진행한다.
좀 더 나아가기	• 인지능력 강화 : 인지력 향상을 중점으로 활동을 진행하고 싶다면 다양한 물건이나 그림을 벽에 붙여 두고 원하는 만큼 떼어 가지고 오도록 한 후 그림이 무엇인지, 언제 본 것인지 등에 대해 회상하도록 해 본다. 가지고 온 물건이나 그림을 순서대로 보여 준 후 4~6초 동안 숨기고 어떤 순서로 물건이나 그림을 보았는지 기억하여 말해 보도록 한다.

⑦ 억양연습(음절 높낮이 바꿔 말하기)

전 화 기

활동 목표	• 음절 높낮이를 바꿔 말하도록 제시하여 억양 조절능력을 향상시킨다. • 청각적 자극으로 음절의 억양이 다르다는 것을 들어 보도록 하여 주의집중력을 향상시킨다. • 소리로 사물 혹은 대상을 인식하고 이름을 기억해 내도록 제안하여 기억력을 증진시킨다.					
주요 활동 영역 ●: 주요 효과 ◎: 추가 효과	주의집중력	언어력	시공간지각 구성	기억력	지남력	문제해결 능력
	●	●		◎		◎
준비물	단어카드 및 그림책					
활동 인원	제한 없음					
활동 방법	① 여러 가지 단어카드를 보며 차례대로 하나씩 뽑아 본다. 단어는 2음절부터 시작하여 점차적으로 음절 수를 늘려 나간다. ② 뽑은 단어를 하나씩 각 음절의 억양을 달리하여 말해 본다. 　예 단어카드 '보약' 　→ 보 (크게 ↑) 약 (작게 ↓) 　→ 보 (작게 ↓) 약 (크게 ↑) 　　단어카드 '전화기' 　→ 전 (크게 ↑) 화 (작게 ↓) 기 (작게 ↓) 　→ 전 (작게 ↓) 화 (크게 ↑) 기 (작게 ↓) 　→ 전 (작게 ↓) 화 (작게 ↓) 기 (크게 ↑) ③ 처음에는 선생님과 어르신들이 함께 연습해 보다가 숙달되면 각자 단어카드를 뽑아서 자신이 뽑은 단어를 높낮이 달리하여 말해 본다. 　처음에는 이와 같이 연습하다가 숙달되면 3음절 이상의 단어에 빨간색으로 음절 1개만 표시해 주어 표시된 음절만 높게 하는 활동으로 확장해 본다.					
좀 더 나아가기	• 언어능력 강화 : 억양연습이 숙달되면 억양연습을 해 볼 단어를 뽑아 무엇인지 스무고개 형태로 맞혀 보는 놀이를 사전에 진행해 본다. 다양한 언어적 정보를 듣고 종합하여 무엇인지 추론해 보는 능력이 향상될 뿐만 아니라 어휘력에도 도움이 되는 활동이 된다.					

Part 2
조작 영역

젬블로 놀이 / 쉐입스업 놀이 / 목각 쌓기 / 블록 놀이 / 퍼즐 만들기 / 톨 페인팅 활동 / 도자기 만들기 / 바느질하기 / 가베 놀이 / 뽕뽕이 양 만들기 /

⑧ 젬블로 놀이

활동 목표	• 보드판에 색깔별로 게임타일을 끼워 넣어 보도록 하여 소근육을 활발히 움직일 수 있게 해 준다. • 보드판에 모양을 만들고 색깔을 선택함으로써 시공간지각 구성능력을 활용해 보게 한다. • 두 사람 이상이 게임에 참여하여 서로 이야기를 주고받도록 유도해 주어 대인관계 형성과 사회적 상호작용을 증진시킨다.

주요 활동 영역	주의집중력	언어력	시공간지각 구성	기억력	지남력	문제해결 능력
◉ : 주요 효과 ◎ : 추가 효과	◉		◉		◎	◎

준비물	젬블로 보드게임

활동 인원	2~4명

활동 방법	① 참여자들은 각자 원하는 색깔을 고른 후 색깔별로 분류하여 나눈다. ② 자유롭게 원하는 모양대로 블록을 끼워 구성해 보고, 내가 만든 모양이 어떤 것인지 같이 참여한 사람들에게 설명해 본다. ③ 보드판 모양에 맞는 블록을 끼워 만들어 본다. ④ 참여자들끼리 자신의 블록을 끼워 보다 빠르게 빈틈없이 많이 끼운 사람이 이기는 게임을 해 본다.
좀 더 나아가기	• 주의집중력 강화 : 우울증 환자나 배회 치매환자에게 매우 좋은 활동으로 집중력이 향상되고 차분해지는 게임이다. 치매가 심한 어르신은 1인에게 주고 자유롭게 놀이해 보도록 유도하는 것이 가장 좋다. 나의 마음을 나타내는 색깔과 모양을 만들어 보도록 제시하거나 블록을 끼워 만든 모양을 다른 사람 앞에서 설명하거나 사진을 찍어 벽에 걸어 주는 등의 활동도 어르신들의 자존감을 회복하는 데 많은 도움이 된다.

⑨ 쉐입스업 놀이

활동 목표	• 주사위를 던져 주사위에 새겨진 여러 가지 모양의 도형을 보고 맞춰 끼워 보도록 지시하여 시공간지각 구성능력을 향상시킨다. • 게임판에 모양을 끼워 넣어 보도록 하여 소근육을 발달시키고 눈과 손의 협응력을 증가시킨다. • 주사위를 던져 나온 모양과 일치하는 도형을 선택하도록 제시하여 모양에 대한 변별력을 증진시킨다.					
주요 활동 영역	주의집중력	언어력	시공간지각 구성	기억력	지남력	문제해결 능력
◉ : 주요 효과 ◎ : 추가 효과	◎		◉		◎	◉
준비물	쉐입스업 보드게임					
활동 인원	2~4명					

활동 방법	① 참여자들끼리 차례를 정하고 게임의 규칙을 들어 본다. ② 다양한 모양이 그려진 주사위를 던진 후 나온 모양과 일치하는 블록조각을 찾아 게임판에 놓는다. 이때 게임판을 빈틈없이 채우는 것이 목적이므로 잘 고려하여 놓도록 유도한다. ③ 차례에 맞게 순서대로 주사위를 던지고 빈칸을 가장 빨리 채운 사람이 이긴다. 이긴 사람은 사탕이나 비타민제를 받는다. 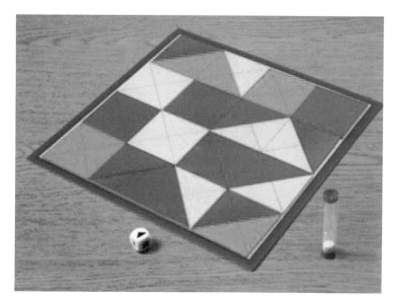
좀 더 나아가기	• 언어능력 강화 : 게임판에 미리 색깔별 모양조각을 몇 개 놓아 두고 주사위를 던져 나오는 모양의 조각을 선생님이 설명해 주는 곳에 대해 잘 듣고 놓아 보도록 한다. 예 "초록색 정사각형이랑 빨간색 큰 세모 사이에 놓으세요." 어르신들의 수용언어능력 향상에 매우 도움이 된다. • 시공간 능력 촉진 : 조각으로 만든 다양한 모양, 그림 등을 보고 모방하여 구성해 보는 활동을 해 보도록 한다.

⑩ 목각 쌓기

활동 목표	• 목각블록으로 여러 가지 구성물을 만들어 보게 하여 시공간지각 구성능력을 향상시킨다. • 목각블록을 만져 보게 하여 눈과 촉각의 협응력 향상을 돕는다. • 각자가 만든 목각블록을 소개하도록 하여 대인 간 관계에서 의사소통능력을 원활히 유지하도록 돕는다.					
주요 활동 영역	주의집중력	언어력	시공간지각 구성	기억력	지남력	문제해결 능력
◉ : 주요 효과 ◎ : 추가 효과	◎		◉		◎	◉
준비물	목각블록 (천연나무를 사용한 블록이면 더 좋다.)					

활동 인원	제한 없음
활동 방법	① 목각블록을 만지며 블록의 촉감, 모양, 만들고 싶은 것 등에 대해 이야기 나누어 본다. "블록을 손바닥으로 쓸어 보세요. 어떤 촉감이 느껴지시나요?" "목각블록으로 어떤 것을 만들고 싶으세요?" ② 자유롭게 목각블록을 쌓아 보고, 내가 살던 집, 살고 싶은 궁전, 우리 동네 등을 만들어 본다. 이때 2~3명의 참가자들이 합동하여 한 동네를 구성해 볼 수도 있다. ③ 내가 만든 목각 구성물을 사진 찍어 보고 무엇인지 다른 참가자들에게 간단하게 설명해 본다.
좀 더 나아가기	• 언어능력 촉진 : 자유롭게 목각블록으로 구성물을 만들어 본 후 장소 이름, 사는 사람의 이름 등을 주변의 도움을 받아 종이에 따라 쓰고 구성물에 붙여 전시해 본다. 쓰기와 이야기 말하기 능력 향상에 도움이 된다. 블록이 있는 구역을 따로 제시해 주어 특정구역에서 활동하는 참가자가 다른 구역의 블록을 빌려 볼 수 있도록 해 본다. 빌리는 과정에서 사회적 의사소통능력이 향상된다.

11 블록 놀이

활동 목표	• 블록을 모양과 크기에 맞춰 연결해 보도록 하여 사물에 대한 분별력을 강화시킨다. • 모양에 따른 블록을 쌓아 보도록 하여 손의 근육조직을 발달시킨다. • 블록으로 다양한 구성물을 완성해 보도록 하여 대상자의 성취감을 충족시킨다.					
주요 활동 영역 ●: 주요 효과 ◎: 추가 효과	주의집중력	언어력	시공간지각 구성	기억력	지남력	문제해결 능력
	◎		●		◎	●
준비물	블록교구, 종이, 펜					
활동 인원	제한 없음					
활동 방법	① 블록으로 무엇을 만들 수 있는지 이야기 나누어 본다. ② 블록을 활용하여 다양한 구성물(집, 물건, 동산 등)을 만들어 본다. 2~4명이 함께 규모가 큰 구성물을 만들어 본다. ③ 내가 만든 블록은 무엇인지, 어떤 생각을 하면서 만들었는지, 누구에게 소개해 보고 싶은지, 내가 만든 블록에 지어 낼 수 있는 이야기는 무엇이 있는지 등에 대해 이야기해 본다. 이때 옆에 앉은 사람에게 자신의 구성물을 소개해 보도록 유도한다. ④ 전시공간을 만들어 종이에 자신의 이름을 쓰고, 블록 작품에 대한 소개를 간단히 적은 후 전시해 본다. ⑤ 나머지 블록은 색깔별 또는 모양별로 분류하여 정리해 본다.					
좀 더 나아가기	• 언어능력 강화 : 블록으로 두세 가지의 구성물을 자유롭게 만든 후 구성물을 만든 과정이나 작품에 대한 소개를 다른 사람들 앞에서 이야기해 보도록 한다. 내가 만든 것에 대한 자부심이 생기면서 언어 사용에 대해 더욱 적극적으로 참여할 것이다. • 시각자극 촉진 : 2~4명으로 나누어 팀을 만든 후, 블록을 나눠 가지고 자유롭게 분류해 볼 수 있도록 한다. 모양, 색깔, 크기 등 스스로 생각하여 같은 것끼리 모으다 보면 인지능력도 향상된다.					

⑫ 퍼즐 만들기

활동 목표	• 퍼즐판에 그림조각을 맞춰 보도록 하여 시공간지각 구성능력을 향상시킨다. • DIY 퍼즐판에 본인이 그리고 싶은 선, 색, 형태를 스스로 표현할 수 있도록 돕는다. • DIY 퍼즐판에 크레파스, 사인펜, 색연필 등으로 색칠하도록 제시하여 소근육 운동능력을 증진시킨다.

주요 활동 영역	주의집중력	언어력	시공간지각 구성	기억력	지남력	문제해결 능력
●: 주요 효과 ◎: 추가 효과	◎		●		◎	●

준비물	DIY 퍼즐판 (대형문구점에서 구입 가능), 그리기 도구

활동 인원	제한 없음

활동 방법	① 퍼즐을 보며 내가 그리고 싶은 퍼즐그림에 대해 생각하고 이야기해 본다. ② 그리기 도구를 활용하여 퍼즐판에 그림을 그려 본다. 이때 참가자가 경험했던 일이나 가족, 지인과 관련된 것, 추억 등과 관련된 그림을 그리도록 한다. ③ 만든 퍼즐의 조각을 흩어 놓고 다시 맞춰 본다. ④ 다 맞춘 퍼즐을 보며 어떤 그림인지 설명해 본다.
좀 더 나아가기	• 언어능력 촉진 : DIY 퍼즐판에 간단한 1음절 단어, 또는 일상생활에 흔히 접하는 단어를 쓴 후 어르신들이 꾸며 보도록 한다. 완성된 후에 퍼즐을 맞출 때 따라 써 보고 모방하여 읽어 보는 활동도 읽기 쓰기 능력 증진에 도움이 된다. • 수 개념 향상 : 각 퍼즐조각에 숫자를 따라 써 보도록 한 후 몇 조각의 퍼즐인지 세어 보고 숫자의 순서에 맞게 퍼즐을 끼워 완성시켜 보도록 한다. 이 놀이는 어르신들의 수 개념 향상에 매우 큰 도움이 된다.

⑬ 톨 페인팅 활동

활동 목표	• 톨 페인팅 활동을 통해 시각·촉각 자극을 주어 감각능력을 강화시킨다. • 붓으로 색칠함으로써 소근육을 발달시키고 눈과 손의 협응능력을 향상시킨다. • 톨 페인팅 작품의 완성을 통해 성취감을 충족시킨다.					
주요 활동 영역	주의집중력	언어력	시공간지각 구성	기억력	지남력	문제해결 능력
●: 주요 효과 ◎: 추가 효과	●		●	◎		◎
준비물	톨 페인팅 도구(대형문구점에서 구입 가능하며 일상생활 속에서 자주 쓰이는 물건으로 하는 것이 좋음)					
활동 인원	제한 없음					
활동 방법	※ 톨 페인팅(Tole Painting)이란 가구나 철제품, 유리, 직물, 도자기, 캔버스 등 여러 가지 소재에 그림을 그려 넣어 장식하는 미술활동을 의미한다. ① 내가 맡은 나무판자 위에 원하는 색깔로 페인트를 칠한다. 빈 공간이 없도록 붓을 조절하여 깨끗하게 칠해 본다.					

활동 방법	② 바탕이 칠해진 나무판자 위에 붓으로 자유롭게 그림을 그리거나 글씨를 써 본다. 글씨는 자신의 이름, 구성물의 이름, 하고 싶은 말 등으로 모방하여 써 보도록 한다. ③ 완성된 작품은 일상생활에서 활용할 수 있는 경우 가족들에게 어떤 용도로 사용할 수 있는지 설명해 주고, 집 거실이나 신발장 등 쓰일 수 있는 곳에 보관한다.
좀 더 나아가기	• 언어능력 촉진 : 톨 페인팅을 할 때에 선생님과 어르신이 함께하면서 색칠하는 순서, 위치, 방법 등에 대해 알려 준다. 말을 듣고 하나씩 수행해 보면서 수용언어능력이 향상된다. 무언가를 걸 수 있는 것으로 작품을 만들었다면 여러 가지 쓰기 모방활동 후 결과물을 벽면에 걸어서 전시해 볼 수도 있다.

⑭ 도자기 만들기

활동 목표	• 흙을 만져 보도록 하여 촉감을 자극시키고 대근육 및 소근육 운동을 촉진시킨다. • 흙으로 구성물을 만들어 보도록 하여 시공간지각 구성능력을 향상시킨다. • 자신만의 작품을 완성하도록 하여 성취감을 충족시키며 자신감을 증진시킨다.					
주요 활동 영역	주의집중력	언어력	시공간지각 구성	기억력	지남력	문제해결 능력
●: 주요 효과 ◎: 추가 효과	●		●	◎		◎
준비물	도자기 흙					
활동 인원	제한 없음					

활동 방법	① 도자기 흙의 촉감, 질감 등에 대해 이야기해 보고 자유롭게 손으로 만지거나 떼어 내며 충분히 탐색해 본다. ② 도자기 흙으로 무엇을 만들고 싶은지, 누구에게 선물해 주고 싶은지, 왜 그렇게 생각했는지에 대해 이야기 나누어 본다. ③ 선생님과 함께 도자기 흙으로 자유롭게 구성물을 만들어 보고, 도자기도 빚어 본다. ④ 내가 빚은 도자기에 얇은 볼펜으로 이름(나의 이름 또는 선물해 주고 싶은 사람의 이름)이나 하고 싶은 말 한마디를 간단하게 따라 써 본다. ⑤ 완성된 도자기는 말리거나 도자기 굽는 가마에 구워 전시하고, 사람들에게 내가 만든 도자기에 대해 설명해 보는 시간을 가진다.
좀 더 나아가기	• 언어능력 강화 : 도자기 흙은 의사소통 증진 활동으로 매우 다양하게 활용될 수 있다. 도자기 흙을 주무르고 밀대로 밀거나 모양을 만들어 보면서 다양한 동사, 명사 어휘를 연습해 볼 수도 있고 문장으로 말하기 활동을 할 수도 있다. 만약 말 명료도가 낮은 어르신이라면 도자기 흙 활동을 통해 나의 생각과 의사를 분명하게 전달하여 말하는 연습을 해 볼 수도 있다.

⑮ 바느질하기

활동 목표	· 부직포판에 운동화 끈을 끼움으로써 눈과 손의 협응능력을 향상시킨다. · 바느질이라는 익숙한 활동을 통해 소근육 기능을 증진시킨다. · 부직포판에 운동화 끈을 모두 묶어 봄으로써 문제해결능력을 향상시킨다.					
주요 활동 영역	주의집중력	언어력	시공간지각 구성	기억력	지남력	문제해결 능력
●: 주요 효과 ◎: 추가 효과	◎		●	◎		●
준비물	바느질 끼우기 도구(모양대로 자른 부직포, 끈, 펀칭)					
활동 인원	제한 없음					

활동 방법	[바느질 끼우기 도구 만들기] → 일상생활에서 자주 접할 수 있는 물건(바지, 잠바, 장화 등)을 부직포에 본을 떠서 자른 후 가장자리를 펀칭으로 구멍을 뚫는다. 운동화 끈을 준비하여 뚫린 구멍에 바느질하듯이 끼우며 놀이해 본다. ① 부직포 판을 탐색하며 무슨 물건인지, 어디에 사용하는 것인지, 언제 본 경험이 있는지 등에 대해 이야기를 나누어 본다. "이것의 이름은 무엇일까요?" "언제 사용하는 물건일까요?" "어디에서 볼 수 있는 물건일까요?" "이 물건을 사용했던 경험에 대해 말해 볼까요?" ② 운동화 끈을 잡고 마음에 드는 부직포판을 선택하여 구멍에 끼우기를 해 본다. ③ 여러 가지 색깔의 끈을 부직포판에 자유롭게 끼워 본다. 선생님이 있는 경우 도움받아 다양한 방법으로 끈 끼우기를 시도해 본다.
좀 더 나아가기	• 사회적 의사소통능력 향상 : 색깔이 다른 끈을 각각 바구니에 담은 후 한쪽에 놓고 끈을 나눠 주는 사람을 따로 정한다. 어르신들이 좋아하는 끈을 얻기 위해 가서 요청하고 원하는 것에 대해 말하면서 자연스럽게 사회적 의사소통능력이 증진될 것이다.

16 가베 놀이

활동 목표	• 가베 놀이 도구의 색깔, 모양, 질감을 이용하여 오감을 자극해 준다. • 가베 놀이 도구를 사용함으로써 눈과 손의 협응능력을 향상시키며, 소근육 운동 능력을 활성화시킨다. • 가베 놀이 도구로 작품을 완성함으로써 시공간지각 구성능력을 향상시킨다.

주요 활동 영역 ●: 주요 효과 ◎: 추가 효과	주의집중력	언어력	시공간지각 구성	기억력	지남력	문제해결 능력
	◎		●	◎		●

준비물	가베 놀이 도구
활동 인원	제한 없음
활동 방법	① 가베 놀이 도구를 보며 어떤 놀이를 할 수 있을지 이야기해 보고 선생님과 함께 놀이방법에 대해 알아본다. ② 선택한 놀이도구의 교안에 따라 규칙을 지키며 활동을 해 본다. ③ 선생님 또는 다른 사람이 구성한 작품을 보며 모방하여 만들어 본다.
좀 더 나아가기	• 언어능력 강화 : 가베 놀이를 하면서 위치에 대한 어휘 사용, 지시에 따라 행동 수행하기, 수행한 순서대로 말하기, 구성물 소개하며 이야기 구성하여 말하기 등의 다양한 언어활동을 해 볼 수 있다.

17 뽀뽀이 양 만들기

활동 목표	• 자신이 좋아하는 색깔을 선택하게 함으로써 색채의 관심과 주의력을 향상시킨다. • 뽕뽕이의 색깔과 모양을 만짐으로써 시각·촉각의 감각자극을 강화시킨다. • 둥근 스티로폼에 뽕뽕이를 붙임으로써 소근육 및 도구조작 능력을 향상시킨다.				
주요 활동 영역	주의집중력	언어력	시공간지각 구성	기억력	지남력	문제해결 능력
● : 주요 효과 ◎ : 추가 효과	●		●	◎		◎
준비물	뽕뽕이, 둥근 스티로폼, 이쑤시개, 접착제, 인형 눈, 양면테이프					
활동 인원	제한 없음					
활동 방법	① 양면테이프가 붙어있는 둥근 스티로폼에 좋아하는 색깔의 뽕뽕이를 자유롭게 붙여 본다. 이때 양의 얼굴이 되는 부분에는 붙이지 않도록 한다. ② 이쑤시개를 이용하여 접착제로 양의 다리와 꼬리를 만들어 준다. ③ 내가 만든 양의 이름을 지어 주고 다른 사람의 양은 어떤 모양과 색깔, 생김새를 가졌는지 등에 대해 이야기해 본다.					

좀 더 나아가기	• 언어능력 강화 : 양을 보며 '양' 글자가 들어가는 단어는 무엇이 있는지 생각하여 말해 본다. 양과 관련된 단어(예: 동물원, 털, 들판 등)는 무엇이 있는지 말해 보도록 한다. 양에 대한 추억이나 다른 사람이 만든 양과 내가 만든 양을 비교하여 말하는 놀이도 재미있다. • 기억력 증진: 뽕뽕이의 색깔을 3~4가지로 준비하여 섞어 놓고 바구니에 색깔별로 분류해 보는 놀이를 해 본다. 색깔이 다른 뽕뽕이 양을 만들었다면 각 색깔별로 양의 이름을 정해 기억하는 활동을 해 보아도 좋다.

Part 3
신체활동 영역

요가 활동 / 기체조 활동 / 주사위 놀이 / 밴드 놀이 / 돌다리 건너기 / 한쪽 발 들고 서 있기 / 폐활량 증진 활동 / 풍선 놀이 / 청기백기 / 난타 활동 / 뽁뽁이 놀이 / 볼링 게임 /

18 요가 활동

활동 목표	• 요가 활동을 통해 대근육 운동능력 및 신체 균형감, 유연성을 향상시킨다. • 요가 동작을 따라 하도록 함으로써 청각 및 시각적 주의력을 증진시킨다. • 요가 활동을 통해 혈액순환을 증진시키며, 특히 뇌혈류를 증가시킨다.					
주요 활동 영역	주의집중력	언어력	시공간지각 구성	기억력	지남력	문제해결 능력
●: 주요 효과 ◎: 추가 효과	●		●	◎	◎	
준비물	음향기기, 요가 강사					
활동 인원	제한 없음					

활동 방법	① 조용한 음악을 들으며 바른 자세로 앉아 눈을 감고 옛날에 내가 살던 집 또는 풍경, 가족들의 얼굴 등을 떠올려 본다. ② 간단히 몸을 풀 수 있는 스트레칭부터 시작하여 팔과 다리, 목, 허리 근육에 도움이 되는 동작을 따라 해 본다. ③ 요가 강사의 자세를 보며 모방하여 동작을 만들어 보고, 요가 강사가 설명하는 자세를 청각으로만 듣고 자세를 만들어 보기도 한다. ④ 다양한 느낌(어두운 느낌, 빠른 템포, 느린 템포, 밝은 느낌 등)의 음악 소리를 듣고 어떤 느낌이 드는 음악인지 이야기해 본 후 스스로 동작을 만들어 본다.
좀 더 나아가기	• 청각 및 언어표현 능력 강화 : 요가 강사가 지시하는 동작을 청각적으로만 듣고 그 자세를 실행해 보는 것은 청각적 주의력과 듣기 훈련에 매우 도움이 된다. 듣고 동작을 만들어 보는 활동이 끝나면 한 사람씩 돌아가면서 자신이 생각한 동작을 말로 표현하여 사람들에게 설명해 보도록 한다. 나의 의도가 다른 사람에게 정확하게 전달될 수 있게 말하는 연습을 하다 보면 언어표현능력도 향상된다.

⑲ 기체조 활동

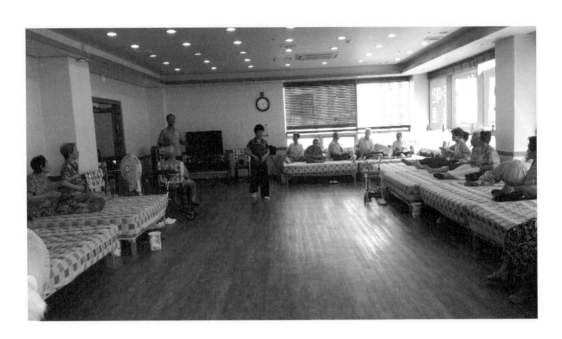

활동 목표	• 기체조를 통해 대근육 운동능력 및 신체조절능력을 증진시킨다. • 기체조를 통해 흔들기, 뻗기, 비틀기, 움츠리기 능의 비이동 동작을 해 보도록 하여 신체조작능력을 강화시킨다. • 기체조 시 자신의 신체를 움직여 보도록 하여 공간감각능력을 향상시킨다.					
주요 활동 영역	주의집중력	언어력	시공간지각 구성	기억력	지남력	문제해결 능력
●: 주요 효과 ◎: 추가 효과	●		●	◎	◎	
준비물	음향기기, 기체조 강사					
활동 인원	제한 없음					

활동 방법	① 기체조가 무엇인지 이야기를 나눠 본 후, 기체조 강사가 설명해 주는 운동방법에 대해 주의 깊게 들어 본다. ② 가볍게 몸 전체를 움직이며 체조하기 전 준비운동을 한다. 준비운동을 할 때 강사가 준비운동 동작을 큰 소리와 작은 소리로 번갈아 가며 설명해 준다. ③ 음악에 맞추어 몸 전체를 두들겨 주고, 다양한 기체조 동작을 따라 해 본다. ④ 몸을 두드리며 자신이 생각하는 다양한 리듬을 만들어 본다. ⑤ 기체조를 배우는 시간이 끝나면 각자 한 명씩 가장 생각나는 동작을 이야기하며 어떻게 하는 것인지 설명하면서 시범을 보여 주는 시간을 가진다.
좀 더 나아가기	• 청각적 감각자극 : 음악에 맞추어 몸을 두드릴 때 기체조 강사가 시범을 보여 주는 박수 리듬을 잘 듣고 따라 해 보면 청각적 주의력이 향상된다. • 언어능력 강화 : 먼저 시범 동작을 보여 주지 않은 상태에서 동작에 대한 설명만 들려주고 참여자들이 동작을 수행해 보도록 한다. 그리고 나서 자신이 생각한 창의적인 동작을 다른 사람이 듣고 행동해 볼 수 있게 설명해 보도록 유도해 본다.

⑳ 주사위 놀이

활동 목표	• 주사위를 두 팔로 던져 보도록 하여 대근육 운동능력 및 신체조절능력을 향상시킨다. • 주사위에 나온 숫자를 셈으로써 수 개념을 증진시킨다. • 팀을 나누어 주사위 던지기 게임을 진행함으로써 적절한 사회적 기술을 습득시킨다.					
주요 활동 영역	주의집중력	언어력	시공간지각 구성	기억력	지남력	문제해결능 력
●: 주요 효과 ◎: 추가 효과	◎		●		◎	●
준비물	스티로폼 정사각형 박스, 접착제, 부직포, 가위, 짧은 속담이 적혀 있는 보드판, 보드게임 말					
활동 인원	제한 없음					

활동 방법	① 부직포가 붙어 있는 정사각형 박스와 숫자 부직포를 주어 참가자들이 스스로 붙이며 어떤 숫자인지 이야기해 본다. ② 팀을 두 개로 나누어 만든 주사위를 힘껏 던지도록 한다. 주사위를 던질 때에는 큰 소리를 내며 "주사위를 던져라!"라고 소리쳐 본다. ③ 주사위에 나온 숫자를 던진 사람이 읽으면 다른 팀원은 자신의 주사위에서 나온 숫자만큼 손가락을 들어 본다. ④ 팀원 모두 주사위 숫자만큼 손가락을 잘 들었다면 보드판의 말을 숫자만큼 옮겨 준다.
좀 더 나아가기	• 수 개념 강화 : 게임을 시작하기 전에 게임규칙에 대해 천천히 설명해 주어 참가자들이 규칙을 잘 준수할 수 있도록 도와준다. 또한 개인별로 스케치북과 쓰기 도구를 주어 주사위 숫자만큼 도형을 그려 보도록 하는 것도 수 개념 유지에 도움이 된다. • 음성조절능력 향상 : 주사위를 던질 때 상대팀보다 큰 소리로 외쳐 보는 것은 언어능력 향상에 도움이 된다. • 유의사항: 고관절 수술 후나 낙상위험이 있는 어르신은 이 활동을 주의해서 시행한다.

㉑ 밴드 놀이

활동 목표	• 밴드를 움직여 보게 함으로써 눈과 손의 협응능력을 향상시킨다. • 밴드를 가지고 다양한 동작을 따라 함으로써 대근육 운동능력 및 신체조절능력, 유연성, 손의 악력 등을 증진시킨다. • 밴드를 움직이며 공간감각을 인식하도록 돕고 타인과의 공간활용 방법을 통해 공간지각 구성능력을 향상시킨다.

주요 활동 영역	주의집중력	언어력	시공간지각 구성	기억력	지남력	문제해결 능력
●: 주요 효과 ◎: 추가 효과	●		●	◎		◎

준비물	스포츠 밴드 (스포츠 용품점에서 구입 가능함)

활동 인원	제한 없음

활동 방법	① 음악을 들으며 양손으로 밴드 끝을 잡고 자유롭게 몸을 흔들어 본다. 이때 음악은 어르신들이 좋아하는 가요를 활용하는 것이 좋다. ② 선생님의 말을 듣고 밴드를 이용한 다양한 동작을 모방하여 만들어 본다. ③ 밴드에 발을 걸고 한쪽 다리로 서 보거나, 양손으로 끈을 잡고 팔을 뒤로 넘기기, 앉아서 밴드로 팔 운동하기, 2인 1조로 짝을 지어 밴드 당기기 등 다양한 동작과 게임을 해 본다. ④ 긴 밴드를 준비하여 여러 명이 2팀을 구성하고 줄다리기를 해 본다.
좀 더 나아가기	• 언어능력 강화 : 밴드를 다양한 방향으로 움직이며 위, 아래, 양쪽, 왼쪽, 오른쪽, 안쪽, 바깥쪽 등에 대한 위치 어휘를 연습해 볼 수 있다. 또한 선생님이 동작을 1~3단계로 나누어 들려 주고 순서대로 수행해 보도록 하면 어르신들의 단기기억과 수용언어능력이 향상된다.

22 돌다리 건너기

활동 목표	• 돌다리를 건넘으로써 시공간지각 구성능력을 향상시킨다. • 돌다리를 건넘으로써 신체균형 유지능력을 증진시킨다. • 돌다리를 건너는 장소에 대한 지남력을 향상시킨다.					
주요 활동 영역 ● : 주요 효과 ◎ : 추가 효과	주의집중력	언어력	시공간지각 구성	기억력	지남력	문제해결 능력
			●	◎	●	◎
준비물	1인 돗자리(돗자리에 그림 붙여서 활용함)					
활동 인원	제한 없음					
활동 방법	① 사전에 준비해 둔 범주(예: 동물, 과일, 장난감, 농기계 등)에 해당하는 단어, 그림 또는 사진을 보며 무엇인지 말해 본다. ② 1인용 돗자리에 단어 또는 그림을 붙이며 무엇인지 다시 한 번 말해 보고 어디에서 본 것인지, 특징은 무엇인지 등에 대해 설명해 본다. ③ 매트를 4개부터 점차 수를 늘려 나가며 놓아 주어 돌다리를 만든다. ④ 양팔을 벌려 몸의 중심을 잡고 매트 돌다리를 건넌다. 이때 매트를 하나씩 밟을 때마다 붙어 있는 그림이 무엇인지 말해 본다. 매트를 건너며 몇 개의 돌다리가 있는지 세어 본다. 만약 신체조절이 힘든 어르신이라면 선생님의 손을 잡고 돌다리의 간격을 좁게 하여 하나씩 건너 본다.					
좀 더 나아가기	• 언어 및 의사소통능력 향상 : 돌다리를 3~6개 정도 놓아 두고 그림을 붙여 읽으면서 밟아 보도록 한다. 돌다리를 모두 건넌 후에 어떤 단어였는지 조합하여 말하도록 하고 그것에 대해 설명해 보도록 유도한다. 돌다리를 건널 때 다른 사람에게 양보하거나 도움을 주기 위해서 어떤 말을 할 수 있는지 등에 대해 이야기를 나눠 보면 대인관계능력과 사회적 의사소통능력이 향상된다. 2인 1조로 서로 손을 잡고 돌다리를 건너도록 해 보아도 좋다.					

㉓ 한쪽 발 들고 서 있기

활동 목표	• 한쪽 발 들기를 통해 신체균형 유지능력을 향상시킨다. • 균형감 증진으로 낙상을 예방한다. • 의자나 봉을 손으로 잡고 발 들기를 번갈아 하면서 대근육 조절능력을 향상시킨다.					
주요 활동 영역	주의집중력	언어력	시공간지각 구성	기억력	지남력	문제해결 능력
●: 주요 효과 ◎: 추가 효과	◎		●		◎	●
준비물	의자, 손잡이 봉					
활동 인원	제한 없음					

활동 방법	① 선생님의 구령에 따라 팔과 다리를 움직이며 준비운동을 해 본다. 선생님이 박수를 치면 박자에 맞추어 박수를 따라 쳐 본다. ② 의자나 봉을 손으로 잡고 한쪽 발을 들었다가 다시 바르게 선다. 선생님의 박수소리에 맞추어 한쪽 발을 들었다가 반대쪽 발로 바꾸는 활동을 하면서 걷듯이 움직여 본다. ③ 의자나 봉을 손으로 잡은 상태에서 점차적으로 시간을 늘려 가면서 한쪽 발을 들고 서 본다. ④ 아무것도 잡지 않은 상태에서 한쪽 발을 들고 서 본다. 걷듯이 양발을 번갈아 들고 서 본 후 점차 시간을 늘려 가며 한쪽 발 들고 서기를 해 본다. ⑤ 선생님이 하는 구령을 따라 하며 양팔을 벌려 한쪽 발 들고 서기를 해 본다. ⑥ 한쪽 발을 들고 서 있는 것에 익숙해지면 〈퐁당퐁당〉 동요음악을 들으며 동요가사 음절마다 발 바꾸는 것으로 시작하여 점차 마디를 길게 하여 한쪽 발을 오래 들고 서 있어 보도록 한다.
좀 더 나아가기	• 언어능력 강화 : 어르신들이 한쪽 발을 들고 있을 때 선생님은 단어를 하나 들려준다. 어르신들은 한쪽 발을 들고 있는 상태에서 단어의 음절 수만큼 박수를 쳐 본다. 이를 통해 자연스럽게 음운인식 연습을 할 수 있다. 활동에 참여하는 어르신들의 수가 많다면 한쪽 발을 들기 전 선생님이 범주(예: 동물, 음식 등) 하나를 제시하여 시작과 동시에 한쪽 발을 들고 범주에 해당하는 단어를 하나씩 말해 보도록 한다. 단어를 말한 사람은 다리를 내릴 수 있게 하면 된다. 이 활동은 단어를 빠르게 회상하여 빠른 이름대기 또는 범주별 이름대기능력 향상에 도움이 된다.

24 폐활량 증진 활동

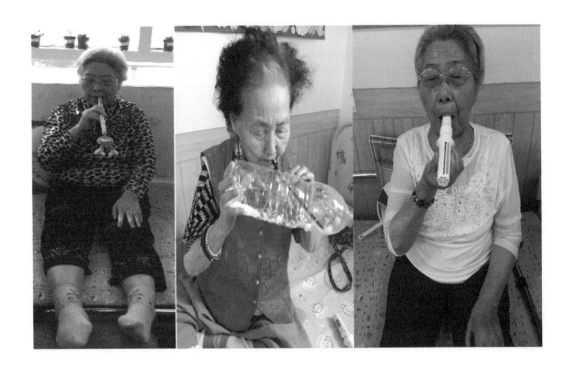

활동 목표	• 페트병 불기를 통해 폐기능 및 폐활량을 향상시킨다. • 폐활량 활동 시 호흡강도를 조절함으로써 호흡조절능력을 강화시킨다. • 폐활량 활동을 통해 안면근육과 입술근육을 강화시킨다.					
주요 활동 영역	주의집중력	언어력	시공간지각 구성	기억력	지남력	문제해결 능력
●: 주요 효과 ◎: 추가 효과	●		●		◎	◎
준비물	개구리 피리(대형마트나 문구점에서 구입 가능), 페트병, 빨대, 색종이, 비닐봉지, 테이프, 폐활량 측정기(의료기기 가게에서 구입 가능)					
활동 인원	제한 없음					

활동 방법	① 가위로 색종이를 잘게 자른 후 모아 일회용 비닐에 담고 입구에 틈이 생기지 않도록 빨대에 붙인다. ② 입술에 힘을 주어 빨대를 물고 '후' 불어 비닐을 풍선처럼 크게 불어 본다. 비닐을 손으로 살짝 눌러 바람을 뺀 후 다시 비닐 속 색종이가 얼마나 활발하게 움직이는지 관찰하며 불기를 해 본다. ③ 페트병(커피숍에서 사용하는 일회용 아이스커피 컵도 사용 가능) 속에 잘게 자른 색종이를 놓은 후 빨대를 꽂아 힘껏 불어 본다. 이때 선생님은 초를 재거나 짧게 노래를 불러 주어 어르신이 일정 시간 동안 호흡을 내뱉어 볼 수 있도록 지도한다. ④ 개구리 피리를 입술에 물고 호흡의 강도를 조절하여 숨을 내쉬어 본다. 개구리 피리가 펴지지 않는 단계부터 피리가 길게 펼쳐진 단계, 피리가 펼쳐지고 소리가 크게 나는 단계 등으로 나누어 호흡의 세기를 조절해 불어 보도록 한다. ⑤ 주 1회씩 폐활량 측정기를 통해 폐활량 변화에 대해 체크하고 자신의 변화를 스스로 관찰해 본다.
좀 더 나아가기	• 입술둘레근의 근력 강화 : 어르신들 중에는 얼굴 전체 근육이 약화되어 입술근육을 사용하여 빨대를 바르게 물지 못하는 경우가 있다. 아무리 호흡이 잘되는 경우라도 제대로 빨대를 물지 못하기 때문에 호흡활동에 참여하는 것에는 문제가 있을 수 있다. 또 얼굴근육의 약화는 호흡의 약화와 관련이 있는 경우도 많다. 따라서 굵은 막대부터 얇은 빨대까지 오래 물고 있는 연습을 해 보거나 입으로 작은 것을 잡아 보는 활동을 통해 입술근육 근력을 향상시켜 주는 것이 좋다.

25 풍선 놀이

활동 목표	• 풍선을 두 손으로 던지는 동작을 통해 대근육 운동능력 및 신체조절능력을 향상시킨다. • 풍선의 색깔을 선택하여 설명함으로써 자기표현을 증진시킨다. • 풍선을 바구니에 던짐으로써 공간지각 구성능력을 향상시킨다.					
주요 활동 영역 ●: 주요 효과 ◎: 추가 효과	주의집중력	언어력	시공간지각 구성	기억력	지남력	문제해결 능력
	◎		●		◎	●
준비물	풍선, 바구니					
활동 인원	제한 없음					
활동 방법	① 좋아하는 색깔의 풍선을 스스로 선택하여 선생님에게 받는다. 이때 내가 왜 이 풍선을 가지고 싶은지 설명해야 하며 스스로 어떤 색깔의 풍선인지, 어디에 있는지 말하여 풍선을 받아 보도록 한다. ② 차례대로 원하는 위치에 서 보고 풍선을 던져 바구니에 넣어 본다. 처음에는 바구니와 가까운 곳에 서 보도록 하고 점차적으로 바구니에서 멀어지도록 한다. 순서는 규칙에 따라 오른쪽에 있는 사람 또는 맨 앞에 서 있는 사람이 먼저 던지기로 한다. ③ 풍선 던지기가 익숙해지면 다양한 동작을 하면서 풍선을 던져 넣어 본다. (한쪽 발 들고 풍선 던지기, 점프하면서 던지기, 쪼그려 앉아서 던지기 등) ④ 2팀으로 나누어 음악을 들으며 풍선을 던져 바구니에 넣어 본다. 음악이 끝났을 때 더 많은 풍선을 넣은 팀이 이긴다.					
좀 더 나아가기	• 신체조절능력 향상 : 철사 옷걸이를 휘어 테니스 라켓 모양으로 만든 후 스타킹을 씌워 풍선 치기를 해 본다. 대근육 운동능력과 신체조절능력, 순발력까지 한 번에 향상될 수 있다. 풍선은 일반 공보다 떨어지는 속도가 느려서 어르신들이 활동하기 좋다.					

26 청기백기

활동 목표	• 청기, 백기 깃발을 드는 활동을 통해 색깔에 대한 분별력을 가지도록 돕는다.
	• 지시에 따라 깃발을 움직여 보도록 하여 집행능력 및 행동 실행능력을 향상시킨다.
	• 지시에 따라 깃발을 움직이도록 하여 순발력을 향상시킨다.

주요 활동 영역	주의집중력	언어력	시공간지각 구성	기억력	지남력	문제해결 능력
● : 주요 효과 ◎ : 추가 효과	●		◎		◎	●

준비물	청기, 백기 (나무젓가락, A4 용지, 크레파스, 가위, 테이프)

활동 인원	제한 없음

활동 방법	① 흰색은 습자지로 구입하고 청색은 일반 색지로 구입을 하여 삼각형으로 자른다. ② 자른 삼각형을 어묵꼬치 막대기에 양면테이프로 붙인다. ③ 선생님의 지시인 "청기 들어, 백기 내려!"에 따라 청기와 백기를 움직여 본다. ④ 지시사항이 점차 복잡해지도록 하여 주의 깊게 듣고 지시를 정확하게 수행해 본다. 　　예 "청기 올리지 말고 백기 내리고 백기 올리고 청기 올리지 마!"
좀 더 나아가기	• 사회적 의사소통능력 향상 : 청기백기 게임을 하면서 서로 틀린 부분을 찾아볼 수 있도록 한다. 그리고 서로 어떤 부분을, 어떻게 틀렸는지 말해 주고 다시 바르게 행동할 수 있게 해 준다. 서로 이야기하고 관심을 가지면서 상대방의 기분이 상하지 않도록 말하면 사회적 의사소통능력도 함께 증진될 것이다.

27 난타 활동

활동 목표	• 타악기를 두드리며, 세기를 조절해 봄으로써 리듬을 사용한 자기표현능력을 증진시킨다. • 타악기를 두드림으로써 눈과 손의 협응능력을 향상시킨다. • 타악기 연주는 주의집중과 활동을 통해 뇌혈류 순환을 증진시킨다.					
주요 활동 영역 ◉ : 주요 효과 ◎ : 추가 효과	주의집중력	언어력	시공간지각 구성	기억력	지남력	문제해결 능력
	◉		◎	◉		◎
준비물	다양한 타악기(재활용품으로 만들 수도 있음), 음악(여러 가지 템포)					
활동 인원	제한 없음					
활동 방법	① 각종 타악기를 탐색하여 어떤 소리가 나는 악기인지, 어떻게 사용하면 되는지 알아본다. ② 원하는 타악기를 선택한 후 선생님이 들려주는 박자를 기억하여 따라 쳐 본다. ③ 내가 선택한 타악기를 다양한 강도(아주 약한 세기, 보통 세기, 아주 센 세기 등)로 쳐 본다. ④ 템포가 빠른 음악과 느린 음악을 들으며 타악기를 박자에 맞게 속도를 달리하여 쳐 본다. ⑤ 각자 다른 박자를 연습한 후 함께 난타를 연주해 본다.					
좀 더 나아가기	• 기억력 강화 : 악기를 탐색하면서 다양한 종류의 박자를 들려주고 기억하게 한 후 모방하여 따라 쳐 본다. 박자를 들은 후 기억하고 있어야 하는 시간을 점점 길게 해 본다. 이를 통해 단기기억능력이 점점 단련될 것이다. 여러 가지 타악기를 준비하였다면 한 사람이 3~4개의 타악기를 동일하게 가지도록 하고, 선생님은 다양한 순서대로 박자를 만들어 들려준다. 악기 순서에 맞게 모방하여 치면 작업기억능력이 향상된다.					

28 뽁뽁이 놀이

활동 목표	• 뽁뽁이를 터뜨림으로써 저강도의 음을 인식하도록 돕고, 청각적 자극을 제공해 준다. • 뽁뽁이를 터뜨림으로써 손과 눈의 협응능력을 향상시키고, 손가락 악력을 강화 시킨다. • 터뜨린 뽁뽁이 개수를 셈으로써 수 개념을 증진시킨다.					
주요 활동 영역 ◉ : 주요 효과 ◎ : 추가 효과	주의집중력	언어력	시공간지각 구성	기억력	지남력	문제해결 능력
	◉		◉		◎	◎
준비물	여러 가지 크기와 모양의 뽁뽁이 (대형문구점에서 구입이 가능하다.)					
활동인원	제한 없음					
활동 방법	① 뽁뽁이를 모양별로 잘라서 분류하여 바구니에 담아 본다. ② 분류한 뽁뽁이 중에 원하는 것을 선택한 후 어떤 뽁뽁이를 선택했는지 이야기 해 본다. 　⑩ "나는 큰 하트모양 뽁뽁이를 했습니다. 왜냐하면 예뻐서." ③ 뽁뽁이를 잡고 손가락으로 눌러 터뜨려 본다. 선생님이 시간을 제시하면 하나씩 뽁뽁이를 터뜨려 보고 3초, 5초, 10초마다 몇 개를 터뜨렸는지 세어 본다. ④ 다른 사람과 함께 뽁뽁이를 잡고 터뜨려 본다. 선생님이 시작을 외치면 터뜨리기 시작하여 끝난 후 누가 더 많이 터뜨렸는지 비교해 본다.					
좀 더 나아가기	• 사회적 의사소통능력 향상 : 뽁뽁이를 직사각형으로 길게 자른 후 중심을 표시하 고 두 사람이 양쪽 끝에서부터 터뜨리기 시작한다. 서로 이야기를 나누며 제한 된 시간 안에 누가 더 많이 터뜨리는지 대결해 볼 수 있다. 주변 사람들은 이를 보면서 각자 친한 사람을 응원해 보는 것도 좋다. 특히 한쪽 편마비 어르신들에 게 좋다.					

29 볼링 게임

활동 목표	• 공을 굴려 대·소근육 운동능력을 활성화해 주고 신체조절능력을 향상시킨다. • 페트병을 공으로 맞춰 넘어뜨림으로써 성취감을 충족시킨다. • 넘어진 페트병의 개수를 세도록 하여 수 개념을 증진시킨다.					
주요 활동 영역	주의집중력	언어력	시공간지각 구성	기억력	지남력	문제해결 능력
●: 주요 효과 ◎: 추가 효과	◎		●		◎	●
준비물	볼링핀(500ml 페트병, 콜라, 캔 종류, 야쿠르트), 공, 큰 고무공					
활동 인원	제한 없음					

활동 방법	① 볼링핀으로 콜라 혹은 야쿠르트를 준비하여 일정한 거리에서 공을 굴려 넘어뜨린 만큼 가지고 간다. ② 페트병을 하나씩 원하는 곳에 세운다. ③ 큰 고무공을 잡고 두 팔로 굴려 페트병을 맞춰 넘어뜨린다. 나머지 페트병도 넘어뜨린 후 몇 개나 명중했는지 세어 본다. ④ 페트병을 한곳에 모아 세워 놓고 큰 고무공을 세게 굴려 페트병을 넘어뜨려 본 후 몇 개나 넘어졌는지 세어 본다.
좀 더 나아가기	• 신체조절능력 및 유연성 향상 : 큰 고무공은 어르신들이 자연스럽게 운동을 할 수 있도록 도와주는 좋은 도구다. 2인이 1조가 되어 고무공을 굴리면서 주고받기 놀이를 해 볼 수도 있다. • 기억력 강화 : 볼링핀으로 사용하기 위해 만든 페트병은 다양한 인지놀이 도구로 사용할 수 있다. 페트병을 무작위로 세워 놓고 고무공으로 넘어뜨린 후 어떤 것부터 넘어졌는지 기억하여 순서대로 따라 걸어 볼 수도 있다. 볼링핀에 날짜나 숫자 등을 붙여 놓고 차례대로 공을 굴려 맞추거나 다양한 그림단어를 붙여 두고 제시되는 범주에 해당하는 것만 찾아 공으로 맞춰 보는 게임을 할 수도 있다. • 유의사항 : 고관절 수술을 한 경험이 있거나 협착증 혹은 허리를 수술한 경험이 있는 어르신들은 삼가야 한다.

Part 4
일상생활 영역

음식재료 다듬기 / 빨래 개기 / 세 가지 이상 콩 고르기 / 텃밭 가꾸기 / 밀가루 음식 만들기 / 얼굴 마사지 / 동전 고르기 / 젓가락으로 과자 옮기기 / 달력 만들기

③⓪ 음식재료 다듬기

활동 목표	• 음식재료를 손으로 다듬으면서 소근육 운동능력, 눈과 손의 협응능력 등을 강화시킨다. • 과거에 음식재료를 다듬었던 경험을 이야기하면서 기억력을 되살리고, 사회적 의사소통능력을 향상시킨다. • 올바른 순서를 기억하여 음식재료를 다듬어 보도록 함으로써 작업기억능력을 향상시킨다.					
주요 활동 영역 ● : 주요 효과 ◎ : 추가 효과	주의집중력	언어력	시공간지각 구성	기억력	지남력	문제해결 능력
	●	◎		◎		●
준비물	음식재료(멸치, 파, 줄기 등), 바구니 또는 쟁반, 비닐장갑					
활동 인원	제한 없음					
활동 방법	① 멸치 또는 여러 가지 채소 다듬는 방법에 대해 이야기 나누어 본 후, 선생님이 먼저 시범을 보이고 따라 해 본다. 만약 재료 다듬기를 어려워하는 사람이 있을 경우, 다른 활동 참가자와 짝을 지어 주어 다듬는 방법을 옆에서 알려 주고 도와주도록 한다. ② 음식재료를 손으로 깨끗하게 다듬은 후, 다듬어진 재료와 버릴 쓰레기를 분류하여 바구니에 넣는다. ③ 깨끗하게 다듬어진 음식재료는 봉지에 담아 보관하거나, 물로 깨끗하게 씻어 본다. ④ 다듬은 음식재료가 어떤 음식에 쓰일 수 있는지 이야기를 나누어 보고 내가 다듬은 재료로 도움받아 음식을 만들어 먹어 본다.					
좀 더 나아가기	• 기억력 되살리기 : 음식재료를 2~3가지 정도 준비해 놓고 각 재료를 순서대로 다듬어 볼 수 있게 한다. 재료를 다듬을 때에도 어떤 순서로 해야 하는지 미리 시범을 보여 주고 기억해 볼 수 있게 해 본다. 일의 순서와 관련된 작업기억능력과 단기기억이 향상될 것이다. 특히 할머니 치매 어르신들에게 도움이 된다.					

31 빨래 개기

활동 목표	• 빨랫감을 바르게 개어 정리해 봄으로써 손과 눈의 협응능력을 강화시키고, 일상 생활능력을 향상시킨다. • 빨랫감을 같은 종류끼리 분류하고 몇 개나 있는지 세어 봄(수 세기 및 수 개념)으로써 인지능력을 향상시킨다. • 빨래를 개면서 옆에 앉은 친구와 함께 이야기를 나누고 같은 주제로 대화해 보면서 문장 말하기나 주제 유지와 관련된 화용능력을 증진시킨다.

주요 활동 영역 ● : 주요 효과 ◎ : 추가 효과	주의집중력	언어력	시공간지각 구성	기억력	지남력	문제해결 능력
	●	◎			◎	●

준비물	여러 가지 종류의 빨랫감(양말, 속옷, 티셔츠, 겉옷, 바지, 치마 등)

활동 인원	제한 없음

활동 방법	① 빨래를 할 때 어떤 순서로 하는지 그림 순서판을 보며 이야기해 본다. ② 빨랫감을 살펴본 후 종류별로 분류해 본다. 이때 어떤 범주로 분류할 것인지(색깔별, 의복 종류별, 크기별 등) 서로 의논해 본다. ③ 분류한 빨랫감을 하나씩 바르게 갠다. ④ 바르게 갠 빨랫감을 차곡차곡 쌓은 후 바구니나 서랍에 넣는다.

좀 더 나아가기	• 대인관계능력 및 사회성 향상 : 빨랫감을 정리할 때 어려워하는 어르신이 있다면 잘하시는 분과 함께 짝을 지어 준다. 빨랫감을 어떻게 분류하는지, 어떻게 접는지 옆에서 도와주도록 한다. 자연스럽게 타인과 상호작용하는 방법을 배우게 되고 자존감도 높아진다.

㉜ 세 가 지 이 상 콩 고 르 기

활동 목표	• 몇 가지의 콩이 섞여 있는지 세어 보도록 하여 수 개념을 향상시키고, 색깔별, 크기별로 분류해 보면서 인지능력을 강화시킨다. • 다양한 크기의 콩을 손으로 만져 보도록 하여 촉각을 자극시키고, 작은 콩을 손가락으로 집도록 하여 소근육 운동능력을 활성화시킨다. • 콩을 만져 보고 느낌을 말하거나 콩의 종류에 대해 이야기해 봄으로써 이야기 만들기와 단어 이름대기능력을 향상시킨다.

주요 활동 영역	주의집중력	언어력	시공간지각 구성	기억력	지남력	문제해결 능력
◉ : 주요 효과 ◎ : 추가 효과	◎	◎	◉			◉

준비물	여러 가지 종류의 콩, 콩을 분류하여 담을 통
활동인원	제한 없음
활동방법	① 여러 가지 섞여 있는 콩을 손으로 만지며 어떤 느낌이 드는지 이야기해 보고, 어떤 종류의 콩이 섞여 있는지 말해 본다. ② 같은 종류의 콩을 골라 분류해 본다. 손가락으로 하나씩 집어서 골라 내도록 한다. 콩의 종류를 점점 늘려서 분류해 보도록 한다. ③ 콩을 골라내면서 숫자를 세어 보고 가장 많이 골라낸 콩은 무엇인지 알아본다.
좀 더 나아가기	• 언어능력 강화 : 콩을 골라내며 하나씩 그릇에 옮겨 담을 때마다 선생님이 정해 준 범주에 해당되는 단어를 하나씩 말하는 놀이를 해 본다. 이렇게 하다 보면 단어회상능력이 향상될 것이다.

33 텃밭 가꾸기

활동 목표	• 식물을 키우고 돌보면서 정서적인 안정을 얻도록 하고, 생산적인 일을 함으로써 자존감을 회복하도록 돕는다. • 흙에 씨앗을 심고 싹에 물을 주는 등의 활동을 통해 신체와 시각적 요소의 협응 능력을 강화시킨다. • 물을 주는 날짜와 주기 등을 알아보면서 시간 개념을 향상시킨다.					
주요 활동 영역	주의집중력	언어력	시공간지각 구성	기억력	지남력	문제해결 능력
●: 주요 효과 ◎: 추가 효과		◎	◎		●	●
준비물	식물 씨앗 또는 모종, 흙, 화분, 삽, 비닐장갑 등					
활동 인원	제한 없음					

활동 방법	① 식물을 키울 때 주의해야 하는 점과 꼭 지켜야 하는 점 등에 대해 알아보고, 식물 키우는 방법에 대해 이야기해 본다. 이때 인터넷을 찾거나 관련 자료를 찾아 선생님의 시범을 보고 따라 읽거나 써 본다. ② 삽을 이용하여 식물 씨앗 또는 모종을 흙에 심어 본다. 이때 농사 관련 노래나 민요를 함께 불러 본다. ③ 내가 만든 텃밭의 이름을 지은 후 종이에 써서 붙여 주고, 식물이 다 자라면 어떻게 될지 추측하여 이야기해 본다. ④ 물을 언제 주어야 하는지, 몇 일만에 한 번씩 주는 것이 좋은지 달력을 보며 날짜를 확인해 본다. ⑤ 텃밭에 자란 새싹에게 들려주고 싶은 전래동화나 이야기를 말해 보기도 한다.
좀 더 나아가기	• 언어능력 강화 : 텃밭을 만들고 나서는 매주 '나의 텃밭에게 해 주는 이야기'라는 시간을 가진다. 그 시간이 텃밭에 자란 새싹에게 이야기를 들려주거나 편지를 써 주기도 하고, 새싹마다 이름을 지어 줄 수 있다. 자라는 싹의 모습을 그림으로 그려 언제인지 알 수 있도록 일기처럼 기록해 보아도 좋다.

㉞ 밀가루 음식 만들기

활동 목표	• 밀가루를 손으로 만지도록 하여 촉감을 자극시키고 밀가루 반죽을 하면서 대 · 소근육 운동능력과 손의 악력을 향상시킨다. • 밀가루 반죽으로 다양한 모양을 만들어 보도록 하여 창의력을 강화시키고 밀가루와 관련된 과거 경험을 서로 이야기하도록 하여 사회적 적응기술을 증진시킨다. • 밀가루를 이용한 음식 만들기를 통해 일상생활 수행능력을 강화시킨다.					
주요 활동 영역 ◉: 주요 효과 ◎: 추가 효과	주의집중력	언어력	시공간지각 구성	기억력	지남력	문제해결 능력
		◎	◉	◎		◉
준비물	밀가루, 물, 그릇					
활동 인원	제한 없음					
활동 방법	① 밀가루를 손으로 만지며 감촉을 느껴 보고 어떤 느낌이 드는지 이야기해 본다. ② 충분히 밀가루를 탐색해 본 후에는 조금씩 물을 부어 밀가루 반죽을 해 본다. 소근육이 약하거나 신체조절능력이 약화된 경우에는 다른 어르신과 짝을 지어 서로 도울 수 있도록 한다. ③ 손으로 힘을 주어 반죽해 보고 동그라미, 네모, 세모 등 다양한 모양을 만들어 보기도 한다. 밀가루 반죽을 손으로 꽉 쥐어 손가락 사이로 반죽이 삐져나오는 놀이를 해 본다. ④ 밀가루 반죽이 끝나면 손을 깨끗이 씻은 후 반죽으로 어떤 요리를 할 수 있는지 이야기해 본다. ⑤ 요리가 정해지면 밀가루 반죽으로 적절하게 만들어 본다. (수제비－작게 떼어 내기, 호떡－밀가루 반죽을 얇게 하여 속에 설탕 넣기)					
좀 더 나아가기	• 시각 및 색깔 분별력 강화 : 밀가루 반죽을 할 때 미리 여러 색깔의 식용색소 또는 천연 색깔을 준비해 둔다. 계란 물은 노란색, 시금치 물을 초록색, 가지 삶은 물은 보라색 등을 낼 수 있고 콩을 갈거나 깨를 갈아 준비해 주어도 좋다. 반죽을 여러 가지 색깔로 만들어 어떤 색깔이 되었는지 반죽끼리 섞어서 다른 색깔로 만들어 보아도 재미있다. 이 놀이를 통해 자연스럽게 색깔 인지능력이 향상된다.					

㉟ 얼굴 마사지

| 활동 목표 | • 얼굴 및 입술 주변의 근육마사지를 통해 안면근육을 강화시키고, 발음의 정확성 또는 말 명료도를 높여 준다.
• 마사지를 통해 '미'에 대한 요구를 충족시킴으로써 자존감을 증진시킨다.
• 마사지를 받으면서 근육을 이완하여 편안함을 느끼면서 정서적 안정을 도모하도록 돕는다. | | | | | |

주요 활동 영역 ●: 주요 효과 ◎: 추가 효과	주의집중력	언어력	시공간지각 구성	기억력	지남력	문제해결 능력
		◎	●	◎		●

준비물	거울, 마사지 크림 또는 로션, 마스크팩 또는 오이 자른 것

활동 인원	5 ~ 6명

활동 방법	① 얼굴 마사지는 어떻게 하는 것인지 이야기 나누어 보고 스스로 거울을 보며 자신의 얼굴을 문질러 본다. 이때 마사지하기 전에는 반드시 손을 씻고 얼굴에 로션을 발라 부드럽게 만질 수 있도록 한다. ② 서로의 얼굴을 보며 배웠던 순서대로 이마와 볼, 눈, 턱까지 번갈아 가며 마사지를 해 준다. ③ 마사지가 끝나면 세수를 한 후 마스크팩을 다른 사람 얼굴에 서로서로 붙여 준다. 마스크팩 대신 오이를 잘라 얼굴에 붙여 주어도 좋다. ④ 마사지를 받고 난 후 피부가 어떻게 달라졌는지 이야기해 본다.

좀 더 나아가기	• 안면근육 자극 : 마사지 활동 전이나 하고 난 후에는 2명이 짝을 지어 얼굴 가위바위보 게임을 한다. 혀를 길게 내미는 것이 '가위', 입술을 모아 뺨을 부풀리면 '바위' '아' 하듯이 입을 크게 벌리면 '보'라고 규칙을 정하여 놀이해 본다. 입술 주변 근육이 이완되면서 발음도 향상될 것이다.

36 동전 고르기

| 활동 목표 | • 여러 가지 종류의 동전을 분류해 보도록 하여 돈에 대한 개념을 재정립하고 수 개념 및 계산 능력을 강화시킨다.
• 작고 얇은 동전을 손가락으로 집어서 옮기고 저금통 구멍에 맞추어 동전을 넣어 봄으로써 소근육 운동능력과 신체협응능력을 향상시킨다.
• 과거에 돈을 모으고, 사용했던 경험을 이야기해 보도록 하여 과거 기억을 자극하여 회상능력을 증진시킨다. | | | | | |

주요 활동 영역 ● : 주요 효과 ◎ : 추가 효과	주의집중력	언어력	시공간지각 구성	기억력	지남력	문제해결 능력
		◎	●	◎		●

준비물	동전, 저금통

활동 인원	제한 없음

활동 방법	※ 동전은 사용하기 전 반드시 소독을 해야 한다. ① 10원, 50원, 100원, 500원 동전이 섞여 있는 것을 보며 각 저금통에 분류하여 담아 본다. 저금통에는 어떤 동전이 들어가야 하는지 그림으로 붙여 주고 어르신들이 저금통 구멍에 직접 동전을 넣어 보도록 제시한다. ② 동전을 모두 분류한 후에는 얼마가 들어 있는지 계산해 본다. 계산이 힘든 경우에는 몇 개 정도 있는지 세어 본다. ③ 분류한 동전으로 사고 싶은 것, 먹고 싶은 것 등에 대해 이야기해 본다. 동전을 잃어버렸을 때와 물건을 사러 갔는데 돈이 모자랄 때, 돈을 주웠을 때 어떻게 해야 하는지 이야기해 본다.

좀 더 나아가기	• 대근육 운동능력 및 신체조절능력 강화 : 4~6명이 한 팀을 이룬 후 동그랗게 모여서서 커다란 원을 만든다. 그리고 중간에 작은 접시나 그릇을 놓아 주고 10원짜리 동전을 던져 넣어 보도록 한다. 많이 넣은 사람이 이기는 게임이다. 이 게임을 통해 어르신들은 눈과 신체의 협응능력과 대근육 운동능력이 동시에 향상될 뿐만 아니라 균형감각을 유지하는 데에도 도움이 된다.

37　젓가락으로 과자 옮기기

활동 목표	• 젓가락으로 과자를 집어 옮김으로써 소근육 운동능력, 눈과 손의 협응능력을 향상시킨다. • 과자를 몇 개 옮겼는지 세어 보도록 하여 수 개념을 향상시킨다. • 여러 가지 종류의 과자를 지시에 맞게 옮겨 봄으로써 집행 기능을 강화시킨다.

주요 활동 영역 ●: 주요 효과 ◎: 추가 효과	주의집중력	언어력	시공간지각 구성	기억력	지남력	문제해결 능력
	◎	◎	●			●

준비물	과자(양파링, 새우깡 등), 젓가락, 접시

활동 인원	제한 없음
활동 방법	① 젓가락을 잡고 바르게 젓가락질 연습을 해 본다. 이때 젓가락은 언제 사용하는지 이야기 나눈다. ② 여러 가지 종류의 과자가 담긴 접시에서 젓가락으로 하나만 집어 올린 후 빈 접시로 옮겨 본다. ③ 과자를 하나씩 옮길 때마다 수를 세어 보고 몇 개가 담겨 있는지 말해 본다. ④ 2~3가지의 과자를 종류별로 담아 놓고 순서를 정하여 옮겨 담아 보도록 한다. 만약 젓가락으로 옮기는 것이 힘든 경우에는 숟가락으로 옮겨 보도록 한다.
좀 더 나아가기	• 대인관계능력 향상 : 양파링과 긴 빨대를 준비한 후 어르신들이 한 줄로 서서 양파링을 빨대에 걸어 옆으로 이동시켜 본다. 끝까지 떨어뜨리지 않고 옮긴 후에 마지막에 통에 넣는 게임이다. 이렇게 하다 보면 서로 협동심도 생기고 옆 사람과 이야기도 하게 되면서 사회성과 대인관계능력이 향상된다.

38 달력 만들기

활동 목표	• 달력 만들기를 통해 시간에(년, 월, 일) 대한 지남력을 향상시킨다. • 달력 밑그림에 색칠해 보게 함으로써 색채에 대한 감각을 자극시킨다. • 달력 만들기를 통해 계절에 먹는 제철음식을 이야기하도록 유도하여 언어표현 능력을 향상시키고 특히 본인 사진을 붙임으로써 자긍심을 향상시킨다.					
주요 활동 영역 ● : 주요 효과 ◎ : 추가 효과	주의집중력	언어력	시공간지각 구성	기억력	지남력	문제해결 능력
			●	◎	●	◎
준비물	스케치북, 색연필, 1월부터 12월까지 달력 밑그림					
활동 인원	제한 없음					
활동 방법	① 몇 년도인지 질문하고 대답을 유도한다. ② 1년이 몇 개월인지 질문하고 사계절을 기준으로 봄, 여름, 가을, 겨울이 몇 월인지 이야기한다. ③ 1개월이 몇 일로 구성되어 있는지 이야기한다. ④ 준비된 달력 밑그림을 계절을 기준으로 색칠한다. ⑤ 달력 밑그림을 다 채운 후 계절별로 어떤 채소와 과일을 먹는지, 명절은 언제 있는지를 이야기한다.					
좀 더 나아가기	• 지남력 향상 : 달력을 모두 만든 후에는 자신의 생일이 언제인지 표시하도록 한다. 자신뿐 아니라 가족들의 생일도 표시하면 더 좋다. 자신이 가장 좋아하는 계절에 대해 서로에게 이야기해 보는 시간을 가져 본다. 이러한 활동을 하면서 계절에 대한 지남력이 향상되고, 좋은 과거 기억을 되살릴 수 있을 것이다.					

Part 5
회상 영역

39 가족 그리기

| 활동 목표 | • 가족과 함께 한 추억을 떠올리면서 인지적 회상능력을 향상시킨다.
• 도구를 손으로 잡고 조절하여 그림을 그려 봄으로써 소근육 운동능력 및 눈과 손의 협응능력을 향상시킨다.
• 가족과 함께 있었던 일을 이야기해 봄으로써 문장을 구성하는 능력과 의사 전달이 명확하게 되도록 표현하는 언어능력을 증진시킨다. | | | | |

주요 활동 영역	주의집중력	언어력	시공간지각 구성	기억력	지남력	문제해결 능력
●: 주요 효과 ◎: 추가 효과		◎	●	◎	●	

준비물	색칠도구, 스케치북, 가족사진

활동 인원	제한 없음

활동 방법	① 나의 가족은 누가 있는지, 옛날의 나의 가족과 현재의 나의 가족에 대해 이야기해 본다. ② 내가 그리고 싶은 가족은 어떤 모습인지 떠올려 보고 기억나는 추억이나 경험이 있다면 소개해 본다. ③ 색칠도구로 나의 가족을 그려 보고 누구인지 도움받아 글자로 써 본다. ④ 나의 가족 그림은 언제 어디에서 있었던 일을 그린 것인지 회상하여 다른 사람들에게 이야기해 보고 그림을 벽면에 전시해 본다.

좀 더 나아가기	• 주의집중력 강화 : 어르신들이 자신의 가족그림을 소개할 때 듣고 있는 사람은 주의를 기울이도록 도와준다. 한 사람의 소개가 끝나면 들은 이야기에 대한 수수께끼를 내서 맞혀 보도록 한다. 재미도 있고 이야기에 귀를 기울이는 연습도 된다.

40 관혼상제 그림 보고 이야기하기

활동 목표	• 살면서 경험했던 관혼상제에 대해 떠올리도록 유도하여 장기기억을 재활성화시키고 회상능력을 강화시킨다. • 관혼상제와 관련된 단어를 떠올려 말하도록 제시하여 대상자의 언어적 기억력을 향상시킨다. • 관혼상제의 순서나 규칙을 기억하여 이야기해 봄으로써 작업 순서에 대해 인지시키고, 사회적 규범을 재인식시킨다.					
주요 활동 영역 ● : 주요 효과 ◎ : 추가 효과	주의집중력	언어력	시공간지각 구성	기억력	지남력	문제해결 능력
		●		◎	●	◎
준비물	관혼상제 관련 그림, 색칠도구, 스케치북					
활동 인원	제한 없음					
활동 방법	① 관혼상제가 무엇인지, 어떤 순서로 지내야 하는 것인지, 관혼상제에서의 규칙 등에 대해 이야기 나누어 본다. ② 관혼상제를 경험한 기억을 회상하여 이야기해 본다. ③ 내가 그리고 싶은 관혼상제 사건을 하나 정하여 그림으로 그려 본다. ④ 당시의 나의 기분을 회상하여 가장 어울리는 색깔을 찾아 색칠해 본다. ⑤ 다른 사람들에게 나의 그림을 보여 주며 어떤 경험이었고, 가족 중에는 누구와 관련이 있는지 설명해 본다.					
좀 더 나아가기	• 사회적 규범인식 강화 : 관혼상제는 어떤 일보다도 예와 규범이 중시되는 일이다. 따라서 이와 관련된 예는 무엇이 있는지, 우리 집안에서만 하는 규범은 어떤 것이 있는지 이야기해 보면 좋다.					

41 이사 가는 날 이야기하기

활동 목표	• 이사를 다닌 기억을 떠올리며 이사 갔던 곳, 이사한 이유, 이사 갔던 집의 모습 등을 이야기해 봄으로써 인지적 회상능력을 향상시킨다.					
	• 언제, 어디서, 어떻게, 누구와, 왜, 무엇을 했는지 등에 대한 이사했던 이야기를 해 봄으로써 문장 구성능력을 향상시킨다.					
	• 이사 갔던 장소, 일시, 도시 이름 등에 대해 말해 봄으로써 시간, 장소, 사람에 대한 지남력을 강화시킨다.					
주요 활동 영역	주의집중력	언어력	시공간지각 구성	기억력	지남력	문제해결 능력
●: 주요 효과 ◎: 추가 효과		●	◎	◎	●	
준비물	이사하는 그림 또는 사진, 이사할 때 필요한 것들에 관련된 그림카드, 색칠도구, 스케치북					
활동 인원	제한 없음					

활동 방법	① 이사를 해 본 경험을 회상하며 다른 사람들에게 이야기해 본다. 이때 누구와, 언제, 어디서, 무엇을, 어떻게, 왜 하게 되었는지 구체적으로 말해 보도록 한다. 문장으로 만들어 이야기하는 것을 어려워하는 경우에는 단서가 될 수 있는 그림을 제시(누구–사람 얼굴, 언제–시계, 어디서–집 그림, 왜–물음표 등)한다. ② 이사하던 날을 떠올리며 색칠도구로 스케치북에 그려 본다. (그림 그리기가 가능한 어르신만 그리시도록 한다.) ③ 내가 그린 〈이사하는 날〉 그림을 벽에 전시하고 누가 있는지, 당시가 언제인지 다시 한 번 말해 본다. 다른 사람의 이야기를 듣고 다시 말하는 활동도 해 본다 (그림을 그릴 수 없는 어르신은 최근에 이사한 일을 이야기하시도록 한다).
좀 더 나아가기	• 언어능력 강화 : 이사하는 날과 관련된 단어는 무엇이 있는지 연상하여 단어 말하기 게임을 해 본다. 다른 사람의 이사하는 날 이야기를 주의 깊게 듣고 기억하여 다시 말하는 활동도 이야기 다시 말하기 연습이 되는 좋은 활동이다.

42 콜라주 만들기

활동 목표	• 종이를 손으로 찢고 작은 물건을 접착제로 붙여 봄으로써 소근육 운동능력 및 눈·손 협응능력을 향상시킨다. • 크기와 색깔, 모양에 따라 구성하여 콜라주를 꾸며 보도록 하여 시공간 구성능력을 강화시킨다. • 구성요소와 작품에 대한 해설을 이야기해 봄으로써 자신의 의사표현능력을 향상시키며, 콜라주에 쓰이는 도구어휘를 생각하여 말해 봄으로써 표현어휘능력을 증진시킨다.					
주요 활동 영역 ●: 주요 효과 ◎: 추가 효과	주의집중력	언어력	시공간지각 구성	기억력	지남력	문제해결 능력
		◎	●		◎	●
준비물	콜라주에 쓰이는 용품(종이, 단추, 실, 반짝이, 신문, 잡지, 휴지 등), 접착제, 스케치북, 기타 색채도구					
활동 인원	제한 없음					
활동 방법	① 콜라주란 무엇인지 알아보고, 콜라주에 쓰일 수 있는 것은 무엇이 있는지 생각하여 말해 본다. ② 콜라주 활동을 통해 어떤 것을 표현하고 싶은지 이야기한 후 콜라주에 쓰일 용품을 탐색해 본다. ③ 연필로 바탕을 그리고 접착제로 여러 가지 용품을 붙여 콜라주를 완성해 본다. ④ 내가 만든 콜라주는 어떤 느낌이 드는 작품인지 설명해 보고 다른 사람의 작품도 감상한 후 가장 잘한 점과 가장 부족한 점을 서로 이야기해 준다.					
좀 더 나아가기	• 수 개념 향상 : 콜라주 작품에 작은 단추나 스팽글을 붙일 때 몇 개를 붙였는지 세어 보고, 다시 숫자를 거꾸로 말하며 세어 보는 연습을 한다. 익숙해지면 1, 3, 5, 7 등 간격을 두고 숫자를 세어 보는 연습을 해 보는 것도 좋다. 이는 어르신들의 수 개념을 강화시켜 줄 뿐만 아니라 기억능력까지 향상시켜 주는 활동이다.					

43 자서전 만들기

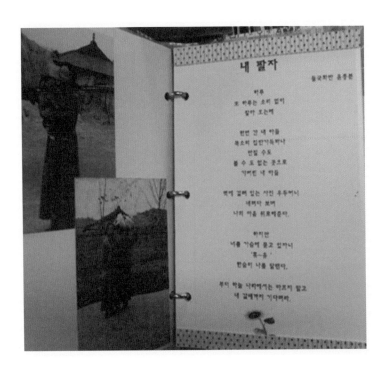

활동 목표	• 사진을 통해 사람에 대한 지남력과 과거에 대한 회상능력을 향상시킨다. • 자서전에 들어가는 설명을 써 봄으로써 글자 모방능력 또는 쓰기능력을 강화시킨다. • 건강하고 젊었던 시절을 회상하며 긍정적인 자존감을 회복할 수 있게 돕는다.					
주요 활동 영역 ● : 주요 효과 ◎ : 추가 효과	주의집중력	언어력	시공간지각 구성	기억력	지남력	문제해결 능력
		●	◎	●	◎	
준비물	1인 파일, 사진, 쓰기 도구, 꾸미기 도구 등					
활동 인원	제한 없음					
활동 방법	① 내가 가져온 사진을 시간 순서대로 놓고 언제, 누구와, 어떤 일이 있었던 사진인지 이야기해 본다. 당시 나의 모습이 어떠했는지, 나의 가장 큰 장점이 무엇이었는지도 생각해 본다. ② 파일에 사진을 붙이고 사진에 관련되는 설명을 도움받아 써 본다. 다른 곳에는 내가 지은 시나 편지를 써 보기도 한다. ③ 꾸미기 도구를 이용하여 자서전의 표지에 젊은 시절의 멋진 내 모습을 그려 본다. ④ 자서전이 완성된 후에는 다른 사람에게 그림책을 읽어 주듯 나의 일생에 대해 이야기해 주는 시간을 가져 본다.					
좀 더 나아가기	• 지남력 향상 : 자서전 활동의 사전 활동으로 어르신들과 '나의 상황과 관련된 일기 써 보기' 활동을 해 보는 것이 좋다. 오늘이 몇 년, 몇 월, 무슨 요일인지를 쓰고 나의 가족 이름과 친구 이름, 내가 살고 있는 곳과 지금 있는 곳 등에 대해 인식하고 기록하도록(기록을 할 수 없는 어르신의 경우 선생님이 어르신의 이야기를 듣고 대신 적어 준다) 하여 나중에 자서전 뒤편에 연결하여 붙여 준다.					

44 옛날 물건 보고 이야기하기

활동 목표	• 옛 물건 이름대기 활동을 통해 단어회상능력과 어휘에 대한 장기기억력을 강화시킨다. • 그림카드를 보고 물건 맞히기를 해 봄으로써 시각적 주의력을 기르고 지각능력을 향상시킨다. • 단어 맞히기 활동을 통해 청각적 주의력을 강화해 준다.

주요 활동 영역	주의집중력	언어력	시공간지각 구성	기억력	지남력	문제해결 능력
●: 주요 효과 ◎: 추가 효과	◎	●		●	◎	

준비물	옛날 물건 그림카드(농기구, 화로, 키 등)

활동 인원	제한 없음
활동 방법	① 옛날에 내가 자주 사용했던 물건과 지금은 볼 수 없는 물건 등에 대해 스스로 생각하여 이야기해 본다. ② 선생님이 들려주는 힌트를 잘 듣고 어떤 물건을 말하는 것인지 맞혀 본다. 만약 어르신들이 맞히기 힘들어한다면 첫 글자 힌트('경운기'의 경우 '경'만 들려준다) 또는 입모양 힌트(소리 내지 않고 단어를 입모양으로만 말하여 보여 준다)를 주어 맞혀 보도록 한다. ③ 옛날 물건을 모두 맞힌 후에는 언제 어디에서 볼 수 있는 물건인지, 어디에 사용할 수 있는지 등에 대해 말해 본다.
좀 더 나아가기	• 언어능력 강화 : 언어적 추상력을 기르기 위한 게임을 해 볼 수 있다. 하나의 옛날 물건 그림카드를 제시하고 동그랗게 모여 앉은 어르신들이 돌아가며 관련된 단어를 하나씩 제시하는 것이다. 말하지 못하는 사람은 옛날 물건을 3개 말하면 통과시켜 주도록 한다. 선생님이 옛날 물건 그림카드를 보여 주어 돌아가면서 끝말잇기를 해 보아도 좋다.

45 천연염색 하기

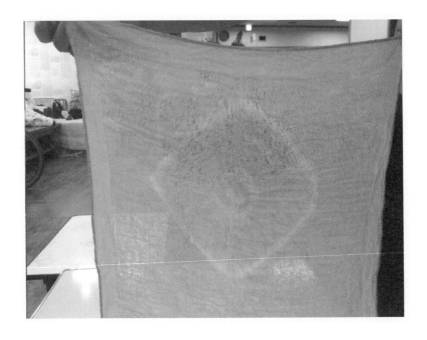

활동 목표	• 천연염색 순서를 인지하여 행동해 봄으로써 작업기억 및 단기기억 능력을 향상시킨다. • 염색 과정을 제시해 주어 대상자의 탐구심과 호기심을 자극해 주고, 색채에 대한 인식을 강화시킨다. • 염색할 때 물을 짜고 천을 접는 등의 활동을 통해 소근육 운동능력 및 신체조절 능력을 강화시킨다.					
주요 활동 영역	주의집중력	언어력	시공간지각 구성	기억력	지남력	문제해결 능력
● : 주요 효과 ◎ : 추가 효과		◎	◎	●		●

준비물	염색 순서판, 천연염색 물감, 천 또는 물들일 옷
활동 인원	제한 없음
활동 방법	① 천연염색이란 어떻게 하는 것인지 순서대로 알아본다. 염색을 할 때 지켜야 하는 부분과 규칙도 이야기해 본다. 순서판을 보지 않고 염색을 하는 과정에 대해 순서에 맞게 말해 보는 활동도 해 본다. ② 내가 물들이고 싶은 색깔을 정하고(여러 가지 색깔을 선택해도 됨) 장갑을 낀 후 도움받아 천에 물을 들인다. 이때 천을 끈으로 묶거나 다양한 방법으로 접어서 물들일 수도 있다. ③ 충분히 물들인 천을 말린다. ④ 내가 만든 천연 염색 천은 어떤지 보고 누구에게 선물해 주고 싶은지, 어디에 사용하고 싶은지 이야기해 본다.
좀 더 나아가기	• 경음과 격음 발음 강화 : 염색을 하는 과정 중에는 다양한 음소발음을 연습해 볼 수 있다. 특히 어르신들은 얼굴근육 약화 또는 강화로 경음(예: /ㄲ/, /ㄸ/, /ㅉ/ 등)이나 격음(예: /ㅋ/, /ㅌ/, /ㅍ/ 등)을 소리 낼 때 오류가 빈번히 나타날 수 있다. 따라서 천을 짜면서 '쭉쭉, 쪽쪽, 쭈욱~' 등의 소리를 연습해 보도록 하고 천을 털면서 '탁탁, 털털, 펄럭펄럭' 등을 말해 보도록 유도한다.

46 한지공예 활동

활동 목표	• 한지를 손으로 찢어 붙이는 활동을 통해 소근육 기능과 근력을 강화시킨다. • 여러 가지 느낌의 한지를 사용해 봄으로써 색채에 대한 감각을 증진시키고, 시각적 구성능력을 증진시킨다. • 한지로 이루어진 옛 물건 또는 창호지를 사용해 본 경험에 대해 떠올리며 기억 회상능력을 향상시킨다.					
주요 활동 영역 ●: 주요 효과 ◎: 추가 효과	주의집중력	언어력	시공간지각 구성	기억력	지남력	문제해결 능력
		◎	●	●		◎
준비물	한지(색과 모양, 질감이 다양한 것), 한지 붙일 통 또는 판, 접착제					
활동 인원	제한 없음					
활동 방법	① 여러 가지 색깔과 질감, 모양을 가진 한지를 탐색하며 손으로 만져 촉감을 느껴 보고 모양과 색깔을 구별하여 관찰해 본다. ② 과거에 한지와 관련된 추억이 있는지 떠올려 보고, 한지로 만들었던 물건이나 창호지를 사용했던 경험 등에 대해 이야기해 본다. ③ 미리 준비해 둔 필통 또는 판에 내가 꾸미고 싶은 그림을 생각하여 스케치해 본다. 만약 어려운 경우 여러 가지 색의 한지를 손으로 찢어 빈틈없이 붙여 보는 것만 하도록 해도 좋다. ④ 완성된 한지 공예품을 어떤 순서로 만들었는지 다시 생각하여 시간적 순서에 맞게 설명해 보고 전시하거나 다른 사람에게 선물해 본다.					
좀 더 나아가기	• 대인관계능력 향상 : 2명 또는 3명이 한 팀을 이루어 함께 협동하여 한지 공예작품을 만들어 보도록 해도 좋다. 서로 어떤 색깔의 한지를 맡을 것인지 의논하고 이야기를 나누어 한 가지를 만들어 내면 자연스럽게 사회적 의사소통능력과 대인관계능력이 향상될 것이다.					

Part 6
사회적응 영역

역전다방 / 시장놀이 / 지역민과 함께 / 분리수거
하기

47 역전다방

활동 목표	• 친구와 함께 차와 다과를 먹음으로써 정서기능을 자극시켜 삶의 활력을 북돋아 준다. • 돈을 사용함으로써 수단적 일상생활 수행능력을 증진시킨다. • 이야기를 나눔으로써 의사소통능력을 향상시키고 사회적 기술을 증진시킨다.					
주요 활동 영역 ●: 주요 효과 ◎: 추가 효과	주의집중력	언어력	시공간지각 구성	기억력	지남력	문제해결 능력
		●	◎		◎	●
준비물	다과, 차, 식기구(컵, 쟁반, 그릇, 티스푼, 접시), 가격표, 메뉴판, 돈					
활동 인원	제한 없음					
활동 방법	① 주변인의 도움을 받아 미리 써 놓은 가격표와 메뉴판 목록을 모방하여 따라 써 보고, 어떤 것들이 있는지 이야기해 본다. 　㈜ "여기에는 커피, 녹차, 쌍화차가 있습니다. 한 잔에 100원이에요." 　　"여기에는 맛있는 딸기와 사과, 과자가 있습니다. 한 접시에 300원입니다. 사러 오세요." ② 차와 다과를 파는 사람과 사러 가는 사람을 나눈다. ③ 손님은 주머니에 돈을 가지고 가서 먹고 싶은 것을 주문하고 알맞게 돈을 내어 계산해 본다. 이때 어느 정도 금전 개념이 있는 어르신인 경우에는 10원, 50원, 100원, 1,000원을 섞어서 준비하여 돈을 내 보도록 한다. ④ 먹고 싶은 것을 사서 주고 싶은 친구에게 주고 함께 앉아 이야기를 나눈다. ⑤ 일정 시간이 지나면 가게 주인과 손님 역할을 바꾸어 활동해 본다.					
좀 더 나아가기	• 언어능력 강화 : 역전다방 활동은 다양한 언어능력을 키울 수 있는 놀이다. 가게를 준비할 때 메뉴판 글자 1음절 쓰기 또는 따라 쓰기를 해 볼 수 있다. 간판을 모방하여 쓴 후 걸어 보아도 좋다. 차와 다과를 먹으면서 옛날에 다방에서 있었던 일, 차를 마시면서 만났던 사람, 내가 좋아하는 차 등의 주제로 회상하여 이야기해 볼 수도 있다.					

48 시장놀이

활동 목표	• 물건을 구입해 보도록 하여 일상생활 수행능력을 향상시킨다. • 물건을 파는 상인을 직접 모시고 오거나 시설에서 준비한 물건을 사는 손님 역할을 해 보면서 성취감을 충족해 자신감을 향상시킨다. • 여러 사람이 시장놀이에 참여함으로써 의사소통능력을 향상시키며 사회적 기술을 증진시킨다.					
주요 활동 영역	주의집중력	언어력	시공간지각 구성	기억력	지남력	문제해결 능력
●: 주요 효과 ◎: 추가 효과		◎	●		◎	●
준비물	팔 수 있는 것(반찬, 다듬은 채소, 물건 등), 간판 또는 가격표, 돈					
활동 인원	제한 없음					
활동 방법	① 물건을 파는 상인과 손님을 나누어 팀을 정한다. ② 상인이 된 팀에서는 내가 팔 물건의 이름과 가격을 도움받아 큰 종이에 적어 본 다음 장사를 할 장소에 붙인다. ③ 손님이 된 팀에서는 100원, 500원, 1,000원을 종류별로 준비한다. ④ 장사할 시간이 되면 필요한 물건이나 음식을 사고팔아 본다. 이때 가격 흥정을 해 보거나 필요한 양을 조절하거나, 특정 물건이 어디에 있는지 등에 대해 말해 볼 수 있도록 선생님이 도와준다. ⑤ 일정 시간 후에는 역할을 바꾸어서 해 보고, 시장놀이를 마친 후에는 내가 산 물건과 팔았던 물건에 대해 이야기해 보는 시간을 가진다.					
좀 더 나아가기	• 지남력 향상 : 시장놀이를 하면서 누가 내 물건을 사러 왔는지 얼굴을 보고 이름을 기억해 본다. 시장을 열었던 날이 언제인지(년, 월, 일, 요일) 말한 후 써 보는 활동도 해 본다.					

49 지역민과 함께

활동 목표	• 손잡고 달리기 혹은 껴안아 풍선 터뜨리기 게임을 하면서 대인관계능력을 향상시킨다. • 초대장 만들기를 통해 자기표현능력을 증진시킨다. • 친구 초대를 통해 성취감과 자신감을 획득하도록 돕는다.					
주요 활동 영역 ● : 주요 효과 ◎ : 추가 효과	주의집중력	언어력	시공간지각 구성	기억력	지남력	문제해결 능력
		●	◎		◎	●
준비물	초대장, 쓰기 도구, 다과					
활동 인원	제한 없음					
활동 방법	① 초대하고 싶은 친구는 누가 있는지 이야기해 보고, 초대하고 싶은 친구에게 줄 초대장을 도움받아 만들어 본다. 하고 싶은 말을 따라 써 보거나 그림을 그려 주어 초대장을 꾸민다. ② 초대할 친구에게 초대장을 주고 어디에, 왜 초대를 하는지, 무엇을 하는 곳인지 등에 대해 설명해 본다. ③ 초대한 친구가 오면 다과를 준비하여 친구에게 주도록 하고 함께 먹으며 이야기를 나눈다. ④ 많은 사람이 모인 경우에는 손잡고 달리기를 하거나 껴안아 풍선 터뜨리기 등의 게임을 해 본다. ⑤ 친구가 가기 전에는 서로에게 해 주고 싶은 말을 나누는 시간을 가진 뒤 헤어진다.					
좀 더 나아가기	• 일상생활능력 향상 : 친구를 초대하기 전 초대 장소를 빗자루로 쓸거나 걸레로 닦아 청소를 해 보고, 설거지가 가능한 경우 그릇을 설거지하여 정리해 보도록 한다. 친구에게 주고 싶은 음식을 어르신들이 직접 요리해 보는 시간을 가져도 좋다. 밀린 빨래가 있다면 함께 해 두고 친구가 갈 때 줄 선물을 함께 포장해 볼 수도 있다.					

50 분리수거 하기

활동 목표	• 분리수거를 통해 일상생활 수행능력을 향상시킨다.				
	• 페트병, 종이, 비닐 등을 구별할 수 있는 판별력을 높일 수 있도록 돕는다.					
	• 분리수거 활동을 통해 신체조절능력을 증진시킨다.					

주요 활동 영역	주의집중력	언어력	시공간지각 구성	기억력	지남력	문제해결 능력
● : 주요 효과 ◎ : 추가 효과	◎		●		◎	●

준비물	분리수거 용품(페트병, 종이, 비닐, 깡통-병은 위험하므로 제외), 분리수거함(큰 글자와 그림이 제시된 것)
활동 인원	제한 없음

활동 방법	① 분리수거를 어떻게 하는지 방법에 대해 알아보고 연습해 본다.
	② 페트병과 종이, 비닐, 깡통 종류에는 어떤 것들이 있는지 알아보고 변별하는 연습을 해 본다.
	  예 "(음료수캔과 참치캔을 들고) 이것은 깡통에 넣어야 해요."
	  "(우유팩과 신문을 들고) 이런 것들은 종이랍니다."
	③ 여러 가지 종류의 쓰레기가 섞여 있는 봉투를 들고 분리수거함에 가서 혼자서 분리수거를 해 본다.

좀 더 나아가기	• 사회적 의사소통 증진 : 커다란 봉투에 여러 가지 종류의 쓰레기를 담아서 준비한다. 3~4명이 한 팀을 이루어 봉투에 담긴 쓰레기를 협동하여 분류해 보도록 한다. 서로 필요한 것을 요구해 보기도 하고, 도와주는 사람에게 고맙다고 인사도 해 보면서 자연스럽게 사회적 의사소통이 이루어질 것이다.

참 고 문 헌

강수균 · 김동연 · 석동일 · 조홍중 · 최경희(2002). 노인성 질환에 대한 언어재활 프로그램-장애인의 삶의 질 개선. 대구: 대구대학교 출판부.

국민건강보험공단(2015). 인지훈련 매뉴얼.

곽미정 · 정옥란(2005). 콜라주 기법이 알츠하이머성 치매의 의사소통 능력 증진에 미치는 효과. 대구대학교 재활과학대학원 석사학위논문.

권중돈(2004). 치매환자를 위한 프로그램의 실제. 서울: 학현사.

김동기 · 김은미(2006). 노인심리와 사회. 서울: 창지사.

김명 · 고승덕 · 서미경 · 서혜경(2004). 노인 보건 복지 이론과 실제. 서울: 집문당.

김정완 (2006). 알츠하이머성 치매환자의 발화 특성. 연세대학교 대학원 석사학위논문.

김준규 · 전도선(2007). 재활과 치료레크리에이션. 서울: 농문사.

김성수 · 김화수 · 이상경 · 황보명 공역, Khara L. Pence · Laura M. Justice 저(2010). 언어발달-이론에서 실제까지. 서울: 학지사.

김용대 · 서해근(2007). 고령화 사회에 대비한 노인운동 재활프로그램에 관한 연구. 동아대학교 스포츠과학연구소, 25, 23-38.

김은주(2000). 노인건강을 위한 운동 프로그램. 서울: 학문사.

김지채 · 김화수 · 이은경 · 이은정 공역, M. N. Hegde 저 (2012). 실어증과 신경언어장애. 서울: 박학사.

김한솔 · 정민예(2011). 치매노인에게 적용한 작업 중심 회상치료와 의사소통 중심에 따른 회상치료의 효과. 고령자 치매작업치료학회, 5(2), 17-28.

김향희 · 윤지혜 · 김정완 공역, Angela N. Burda 저(2014). 노화와 의사소통장애. 서울: 학지사.

김화수 · 김성수 · 박소현 · 정부자 · 이상경 · 이은정 · 권유진 공역, Rhea Paul · Courtenay F. Norbury 저(2014). 언어발달장애. 서울: 박학사.

김화수 · 김성수 · 박현주 · 성수진 · 표화영 · 한진순 공역, Robert E. Owens 외 저(2007). 의사소통장애-전 생애적 조망. 서울: 시그마프레스.

나경애(2012). 노인 우울증 예방을 위한 미디어 치료 프로그램. 서울: 한국미디어학교.

문화부(1991). 전통놀이 모음집.

박보란(2013). 노인의 담화에 나타난 주제진술특성. 대구대학교 대학원 석사학위논문.

박정미(2008). 치매노인 음악치료. 서울: 서현사.

박정호 · 김화수(2013). 정상 노화와 병리적 노화에 따른 품사 산출 특성. 재활복지, 17(2), 299-317.

박준수 · 이병회(2010). 신체활동 프로그램이 치매노인의 인지, 신체적 기능, 삶의 질, 우울에 미치는 영향. 삼육대학교 대학원 석사학위논문.

박창영(2006). 전통놀이 · 민속놀이 · 환경놀이 레크리에이션. 서울: 일신서적출판사.

백지연(2011). 성인을 위한 놀이치료. 서울: 북스힐.

손은남 · 강수균(2007). 노인치매의 유형 및 심한정도에 따른 담화 특성. 대구대학교 대학원 박사학위논문.

신혜원(2014). 노인놀이치료. 서울: 공동체.

신혜원 · 전미애(2006). 치매노인을 위한 전통놀이 프로그램. 서울: 양서원.

안상현(2013). 치매 노인은 무엇을 보고 있는가. 서울: 윤출판.

양혜경(2007). 음악치료레크리에이션이 치매노인의 인지기능에 미치는 효과. 한국예술치료학회지, 7(1), 28-49.

엄기매 · 양영애 공역, Brian W. Banks 저(2004). 노인활동 프로그램. 서울: 영문출판사.

오현경 · 강수균(2005). 역동적 언어 훈련 프로그램이 알츠하이머형 치매 노인의 인지능력 및 의사소통능력 향상에 미치는 효과. 대구대학교 대학원 석사학위논문.

윤찬중 · 명봉호(2008). 노인 여가와 치료레크리에이션. 서울: 진영사

이가옥 · 강희설 · 이지영(2005). 노인 집단 프로그램 개발 – 마음을 여는 이야기. 서울: 나눔의 집.

이기숙(2000). 유아교육과정. 서울: 교문사.

이숙재(2004). 유아를 위한 놀이의 이론과 실제. 서울: 창지사.

이윤로(2003). 치매노인과 사회복지 서비스. 서울: 학지사.

예하미디어 편집부(2005). 놀이이론과 실제. 서울: 예하미디어.

전영미 · 김화수(2015). 정보전달능력을 중심으로 한 20대부터 50대까지의 연령대별 담화 특성. 재활복지, 19(1).

정진숙 · 이근매(2010). 회상요법을 적용한 집단콜라주 미술치료가 요양시설 치매노인의 문제행동에 미치는 효과. 한국미술치료학회, 17(1), 131-148.

정현희 · 이은지(2007). 실제 적용중심의 노인미술치료. 서울: 학지사.

조주희 · 임윤선(2012). 치매 노인의 인지기능을 위한 선행연구분석 및 예술치료 프로그램 연구. 한양대학교 대학원 석사학위논문.

최외선 · 조용태 · 이근매(2009). 노인미술치료. 서울: 시그마프레스.

한경애(2007). 놀이의 달인, 호모 루덴스. 서울: 그린비.

황인옥(2002). 원예치료 프로그램 적용을 통한 치매노인의 사회적응력 강화전략에 관한 연구. 부산대학교 대학원 박사학위논문.

Aguirre, E., Hoave, Z., Streater, A., Woods, B., Hoe, J., & Orrell, M. (2013). Cognitive stimulation therapy(CST) for people with dementia-Who benefits most. *Geriatric Psychiatry, Vol.28*, 284-290.

Atchley, R. C. (1971). *Social Forces in Later Life* (2nd ed.) Belmont, CA : Wadsworth Publishing Co.

Bateson, G. (1956). The message is "This is play." In B. Schaffner's (Ed.), *Group Processes*, 145-151. New York : Josiah Macy.

Bei, W. N., Nancy, B. E. L., & Kun, C. (2010). Dementia Care Program and Services for Chinese Americans in the U.S. *Springer Science & Business Media*, Vol.35, 128-141.

Breen, L. B. (1960). The Aging Individual. In C. Tibbitts (Ed.), *Handbook of Social Gerontology*. University of Chicago Press.

Bronfenbrenner, U. (1979). Foreword. In P. Chance (Ed.), *Learning Through Play*. New York : Gardner.

Burghardt, G. M. (1984). On the Origins of Play. In P. K. Smith (Ed.), *Play : In Animals and Humans* (5-41). Oxford : Basil Blackwell.

Ellis, M. J. (1973). *Why People Play*. Englewood Cliffs, N.J. : Prentice-Hall.

Erikson, E. H. (1950). *Childhood and Society*. New York : Norton, Bacon.

Grubman, J. H. (2013). Dementia, Care Transitions, and Communication: Sharing Information is Key to Patient-Centered Care. *Journal of the American Society on Aging, Vol.37*, No.3, 97-99.

Jootun, D., & McGhee, G. (2011). Effective communication with people who have dementia. *Nursing Standard, Vol.25*, No.25, 40-46.

Kimmel, D. C. (1974). *Adulthood and Aging*. New York : John Wiley & Sons.

Maslow, K., Fazio, S., Ortigara, A., Kuhn, D., & Zeisel, J. (2013). From Concept to Practice:

Training in Person-Centered Care for People with Dementia. *Journal of the American Society on Aging, Vol.37*, No.3, 100-107.

McDermott, O., Crellin, N., Ridder, H. M., & Orrell, M. (2013). Music therapy in dementia: A narrative synthesis systematic review. *Geriatric Psychiatry, Vol.28*, 781-794.

Mimura, M., & Komatsu, S. I. (2007). Cognitive rehabilitation and cognitive training for mild dementia. *Psychogeriatrics, Vol.7*, 137-143.

Okumura, N., & Fujimoto, N. (2013). 認知症ケア これならできる 50のヒント. 京都: KAMOGAWA.

Potkins, D., Myint, P., Bannister, C., Tadros, G., Chithramohan, R., Swann, A., O'Brien, J., Fossey, J., George, E., Ballard, C., & Margall, M. (2003). Language Impairment in dementia: Impact symptoms and care needs in residential homes. *International Journal of Geriatric Psychiatry, Vol.18*, 1002-1006.

Tew, J. D. Jr. (2012). Care Transitions and the Dementia Patient: A Model Intervention Builds Communication, Trust-and Better Care. *Journal of the American Society on Aging, Vol.36*, No.4, 109-112.

Thompson, I. M. (1987). Language in Dementia. *International Journal of Geriatric Psychiatry, Vol.2*, 145-161.

찾 아 보 기

저자 소개

이금자(Kum-Ja Lee)
대구가톨릭대학교 대학원 사회복지학박사
선정노인복지센터 원장
국민건강보험공단 2009년 노인장기요양보험 서비스 우수사례 공모전 우수상 수상
국민건강보험공단 2015년 장기요양 급여제공 서비스 우수사례 발표대회
　우수상(2013년), 최우수상(2015년) 수상

주요 논문 및 저서
「노인의 삶의 질 결정요인에 관한 연구-노인 코호트를 중심으로-」
『할배·할매들의 못다한 이야기』(북랜드, 2016)
『자원봉사론』(공저, 양서원, 2010)

김화수(Wha-Soo Kim)
이화여자대학교 대학원 언어병리학박사
한국언어재활사협회 부이사장, 국제다문화의사소통학회장, 한국한부모가정학회장 역임
대구대학교 언어치료학과 교수
대구대학교 재활과학원 진단평가센터 소장·언어의사소통연구소장
한국언어치료학회 이사, 여성가족부 다문화가족포럼위원, 보건복지부 1급 언어재활사
대구대학교 연구자상, 한국언어치료학회 논문우수상 수상

주요 논문 및 역서
「정상 노화와 병리적 노화에 따른 품사 산출 특성」
『실어증과 신경언어장애』(공역, 박학사, 2012)
『언어장애와 의사소통장애』(제3판, 역, 시그마프레스, 2010)
『의사소통장애: 전생애적 조망』(공역, 시그마프레스, 2007) 외 다수

임은실(Eun-Shil Yim)
연세대학교 대학원 간호학과 박사
대구보건대학교 간호학과 교수
국민건강보험공단 건강보험정책연구원 부연구위원
한국보건사회연구원 선임연구원

주요 논문 및 저서
「3년간 주간보호와 방문요양 서비스를 이용한 치매노인의 인지기능과 일상생활수행능력에
　미치는 효과 비교 연구」
『지역사회간호학』(공저, 수문사, 2014) 외 다수

치매 예방을 위한

인지 · 의사소통 놀이 50

Cognition-communication Play for Preventing Dementia 50

2015년 9월 5일 1판 1쇄 발행
2020년 4월 20일 1판 4쇄 발행

지은이 • 이금자 · 김화수 · 임은실
펴낸이 • 김 진 환
펴낸곳 • (주)**학지사**

04031 서울특별시 마포구 양화로 15길 20 마인드월드빌딩 5층
대표전화 • 02) 330-5114   팩스 • 02) 324-2345
등록번호 • 제313-2006-000265호
홈페이지 • http://www.hakjisa.co.kr
페이스북 • https://www.facebook.com/hakjisabook

ISBN 978-89-997-0773-5 93180

정가 15,000원

이 도서의 국립중앙도서관 출판시도서목록(CIP)은 서지정보유통지원시스템
홈페이지(http://seoji.nl.go.kr)와 국가자료공동목록시스템(http://www.nl.go.kr/kolisnet)
에서 이용하실 수 있습니다.
(CIP제어번호: CIP2015022839)

출판 · 교육 · 미디어기업 **학지사**

간호보건의학출판 **학지사메디컬** www.hakjisamd.co.kr
심리검사연구소 **인싸이트** www.inpsyt.co.kr
학술논문서비스 **뉴논문** www.newnonmun.com
원격교육연수원 **카운피아** www.counpia.com